圣严法师 著

你快乐吗

华东师范大学出版社

图书在版编目（CIP）数据

你快乐吗？／圣严法师著. —上海：华东师范大学
出版社，2012.1

ISBN 978—7—5617—9249—0

Ⅰ.①你… Ⅱ.①圣… Ⅲ.①人生哲学—通俗读物
Ⅳ.①B821—49

中国版本图书馆 CIP 数据核字(2012)第 013221 号

台湾法鼓山文教基金会授权
华东师范大学出版社独家出版简体中文版

你快乐吗

著　者	圣严法师	
项目编辑	储德天	
审读编辑	刘丽霞	
特约编辑	邱承辉	
封面设计	吕彦秋	

出版发行　**华东师范大学出版社**
社　　址　上海市中山北路 3663 号,邮编 200062
网　　址　www.ecnupress.com.cn
电　　话　021—60821666　行政传真 021—62572105
客服电话　021—62865537(兼传真)　门市电话　021—62869887(邮购)
地　　址　上海市中山北路 3663 号华东师范大学校内先锋路口
网　　店　http://hdsdcbs.tmall.com

印　刷　者　北京京都六环印刷厂
开　　本　880×1230　32 开
印　　张　6.5
字　　数　150 千字
版　　次　2012 年 3 月第 1 版
印　　次　2017 年 6 月第 2 次印刷
书　　号　ISBN 978—7—5617—9249—0/B.691
定　　价　28.80 元

出版人　王　焰

(如发现本版图书有印订质量问题,请寄回本社市场部调换或电话 021—62865537 联系)

目　录
Contents

1. 你快乐吗

Chapter 1
你快乐吗

幸福是每个人都希望得到的，但在追求的过程中，有多少人漏失了唾手可得的幸福？又有多少人身在福中不知福？很多人穷尽一生的心力追求幸福，换来的却只是白发苍苍和一声声的唏嘘，这都是因为他们不明白幸福的真谛。

真正的快乐是什么

如果有人家里生了小宝宝，一般我们都会说恭喜恭喜、可喜可贺。但是佛教认为人生苦多乐少，即使是"生"，也是一种苦，所以佛法教我们不要以苦为乐，要离苦得乐。对于生命中四种基本现象——生、老、病、死，佛教称之为"四苦"。其中老、病、死被视为苦比较易理解，但如果说"生"也是一种苦，大多数人可能就很难理解了。

几乎每个人对于刚出生时的情形，都已不复记忆，婴儿出生时究竟觉得苦还是乐，谁也不晓得。但是我们可以推想，婴儿的皮肤非常细嫩光滑，第一次离开母体，乍然接触外界的空气时，感觉一定很不舒服、很难过。环境骤然的改变，让婴儿出生时号啕大哭，可是却又非得来到这个世界不可。对母亲而言，生产恐怕也不是一件轻松的事。很多妇女对于生产时受的痛苦，即使用"痛不欲生"四个字，都还不足以形容，所以古人才会把生日称为"母难日"。但是小孩出生后，痛苦解除了，母亲又会觉得很安慰、很快乐，就像历经千辛万苦，终于爬上山峰，再也不需要往上爬时，就会觉得欣喜若狂。其实这只是苦难、压迫感解除后所产生的快乐感受，是苦之后的结果，并不是另外有新的快乐产生。可见"生"是一件苦事，并不是真正的快乐。

出生是苦，在人的一生当中，真正的快乐也没多少。一般人感受到的快乐，都是因为满足了"五欲"——眼、耳、鼻、舌、身而得来的欲乐，例如：眼睛看到美景，耳朵听到悦音，鼻子闻到香味，嘴巴尝到美食，身体有柔软细滑的触感。还有，和别人谈话谈得很投机，或是获得一项新的成果、发现一桩新的事实，让自己觉得很有成就感，等等，这些属于心理层面的赏心乐事，也都属于"欲乐"。

欲乐的"乐"都包含着"苦"在其中，是"乐中带苦"，但是我们大多数人却对这样的事实毫无所知。例如一个稀世罕见、美若天仙的美人出现在你眼前，因为很难得见到，所以你会很欣赏她，一见到她就觉得很快乐。但是，如果天天让你见到美丽的东西，或是让美女、帅哥天天在你面前出现，让你看个够，就没有什么稀奇了。短暂的接触虽然令人觉得目眩神迷，接触次数多了以后，快乐便荡然无存。

凡是欲乐，都是暂时、无常的，很快就会过去，感觉上很真实，其实很虚幻，而虚幻的感受本身就是一种苦。因此，五欲之乐仍在痛苦之中，说穿了，这种快乐只是一种和"苦"相对的感受。

这样看来，生而为人好像没有什么值得快乐的事，其实也不尽然。因为还有一种乐叫做"定乐"，也就是禅定的快乐，比欲乐更胜一筹，快乐的感受也更强烈一些。因为在禅定中已经摆脱了身心限制，特别是身体的负担和病痛都会消失不见，不再有沉重的感觉，这时候心里会产生一种满足感，而且这种"无事一身轻"的感受是非常快乐的。只是出定以后，因为身体还在，所以因身体而有的种种负担依然存在。因此，定乐也不可能长久维持。

最究竟的快乐是"解脱之乐"，透过修行得到解脱之后，不再有任何困扰及烦恼，心理上不再有任何负担，这时候，才是真正、绝对的快乐，也才是真正值得我们追求的快乐。

追求快乐是起点，不是目的

释迦牟尼佛告诉我们，人生有苦，包括：生、老、病、死、怨憎会、爱别离、求不得以及五蕴炽盛等，总称为"八苦"。苦是人生的事实，不过正因为有苦，所以人一出生就希望追求快乐，因此有位著名的喇嘛曾说："生命的目的是追寻快乐。"他采取与释迦牟尼佛相对的角度来说，佛陀讲"离苦"，他则讲"得乐"，但呈现的都是人生的实相。

虽然说追求快乐是人的本能，但必须先厘清：我们所追求的快乐是什么？

其实人类从出生开始，最重要的不一定是追求快乐，而是满足欲望，例如对食物、生活安全等欲望的满足，一旦欲望得到满足，就会产生快乐的感受。因此，"快乐"和"欲望"两者间有绝对的关系。

在物质上追求快乐、满足，应该是现代人共同的倾向，否则物质文明不会发展得那么快。可是，在追求快乐的同时，不禁令人怀疑，我们所追求的快乐，是不是可靠？能不能维持长久？

适可而止的欲望，本来是无可厚非的，但是如果不合理、无止尽地追求欲望，就会因为欲望得不到满足而产生各式各样的痛苦。所以，人们表面上在追寻快乐，事实上却也在追寻痛苦，因为所追求的快乐，都要付出痛苦的代价，而且快乐不会是永久的真实，它只是一种暂时的现象，说穿了不过是一种幻影。

而且，享受快乐之后，又会回到痛苦的原点。所以，人生不过是从苦到乐、从乐到苦，一个永不间断的循环而已。只是人们自我安慰，假想自己所追求的就是快乐，结果却永远陷于痛苦之中。佛教的密宗虽然特别重视"大乐思想"，但这是指修行过程中，在精神上产生的喜乐。例如修习禅定时有所谓的"禅悦"，只要能够修到身心统一，就会有一种没有捆绑、束缚的舒畅感，也就是"轻安"的快乐；又例如中国净土宗以求生西方极乐世界为终极目的，也是以"极乐"来形容修行到最后的境界，可见修行的确可以得到快乐的结果。可是，修行的目的并不单只为了自己追求快乐，而是为了帮助别人远离痛苦、得到快乐。

如果仅以追求快乐作为人生的目标，很可能会变成一个享乐主义者而有所偏差，更有可能适得其反地带来痛苦。之所以说"生命的目的是追寻快乐"，是站在众生的立场，迎合现代人趋乐避苦的心理，我们千万不要误解其真正的意思。

因此，追求快乐只能说是一个起点，是人类共同的希望，不能误以为追求快乐就是人生的最终目的，否则，仅追求物质生活上的快乐，带来的结果可能就是痛苦。而且以佛教的立场而言，应该要有"不为一己求安乐，但愿众生得离苦"的精神，当一切众生都得到平安与快乐时，你才会真正地离苦得乐。

痛并不等于苦

曾经有一位老和尚罹患癌症，躺在病床上发出阵阵呻吟。徒弟好奇地问他："您不是说四大皆空吗？怎么还会觉得痛呢？"老法师回答："空就是空，痛就是痛啊！"的确，即使是一位修行多年的老和尚，仍然会有肉体上的病痛。

一般人常把"痛苦"连在一起讲，分不清"痛"与"苦"的区别，多半认为痛就是苦，苦也一定会痛，把两者混为一谈。事实上，它们有极大的不同。"痛"是肉体上的，例如当身体受到种种折磨、伤害，或是被东西打到、撞到时，神经一定会感觉到疼痛，这是人体的正常现象，否则就不是人类，而是植物、矿物了。根据历史记载，释迦牟尼佛也有肚子痛、背痛的时候，这表示成了佛的人，身体还是一样会有疼痛的感觉。但是佛的心里不会觉得苦，苦是精神、心理上的。

"苦"有很多类型，例如"生、老、病、死"的苦：对"生"的贪恋、执著，本身就是非常辛苦的事；看到自己随着时光流逝而年"老"力衰、疾"病"丛生，心里却有所不愿，也不甘心承受时，就会觉得苦；或是当一个人面临"死"亡，无论是自己或是亲人过世，心里都会遭遇很大的冲击而无法接受，这些都是苦。

除了生老病死之外，还有希望得到某种东西却得不到的"求不得苦"，以及由人际关系所带来的"爱别离苦"与"怨憎会苦"——无法与亲爱的人相聚在一起，又舍不得分离；或是放不下与怨家的仇隙，却偏偏时常与怨家相遇。除此之外，像忧愁、恐惧、嫉妒、憎恨、怀疑等负面情绪，都会让我们感受到人生是苦的。

由此，我们可以很清楚地分辨出：痛是身体上的，苦则是精神上的。身体上的"痛"，在活着的时候无法解脱，但只要等到死亡、肉体消失之后，痛也就不存在了；"苦"则是永远的，因为那是一种精神上的负担，如果在精神上放不下，即使死亡之后，都不得解脱。而且，当我们的心苦到极点时，往往也会引起身体上痛的感受，例如有时我们会说"心好痛"，但实际上，此时是因为太伤心、放不下，情绪上愁苦的感受太强烈了，才会使人觉得"心如刀割"，痛到无法承受，但其实那是一种精神上的苦。

然而，如果自己的辛苦有所报偿、回馈，就会觉得很安慰，即使历经千辛万苦、受尽煎熬，等到苦尽甘来、享受成果时，仍然会乐在其中。由此可见，当感觉不自在时，就会觉得苦；对于未来抱着希望时，就又不苦了。所以，"苦"并不是固定不变的感受，而会随着外在环境不断地转变。

因此，如果我们的心能够时时刻刻提得起、放得下，随时随地面对现实、处理现状，而不恐惧、不逃避，看到什么就是什么，该怎么做就怎么做，尽心尽力处理之后，又能够不在乎结果，就能保持心情的平静，不再受苦了。

你在苦中作乐吗

佛法告诉我们，如果能够体会"色即是空"、"缘起性空"以及"无常"的道理，就能离苦得乐，并体会到真正的快乐。但是一般人觉得心情苦闷时，只要听听音乐、跳跳舞、打打麻将，或是从事自己喜好的活动，感觉上就已经离苦得乐了，这种说法似乎并不像佛法所说的那么沉重，也没那么困难。所以，很多人都认为，与其费心体会佛法所说的道理，倒不如去做一些立刻能让自己觉得快乐的事情。

其实，这种快乐和佛法所说的"离苦得乐"有很大的差别，一般人所谓的享乐有两种方法：一种是"麻醉"，例如抽烟、喝酒，或是使用其他刺激物、麻醉毒品，一时之间让自己感到兴奋、快乐或精神放松，暂时忘了自己正身处于危险或苦难之中，可是一旦时效过了，马上又恢复原来的状况。

另外一种方法是"刺激"，能让我们的肉体官能得到痛快的感受，就像被蚊虫叮咬后，搔着皮肤的痒处；或是在天气炎热时，喝下一大杯冰水，都会觉得非常舒服、很过瘾、很爽快。可是以这些刺激方式来处理，往往会造成皮肤发炎、气息不顺等毛病，这是因为对身体刺激过大所造成的。

一般人所谓的享乐，不过是另一种形式的"麻醉"或"刺激"，都是以苦为乐、苦中作乐，并不是真正的快乐，也必然会得到乐极必反的苦果。以打牌为例，并不是每一副牌都能打赢，也许打赢一两次之后，运气变差了，怎么打也赢不了，这时候就会觉得非常痛苦。但是赢牌的人也未必快乐，有人赢牌之后，因为太快乐、太兴奋，心血管受不了刺激，造成中风或心脏麻痹而过世。跳舞也是一样，在舞池中跳舞时，感觉陶陶然，非常兴奋、欢喜，连自己是谁都忘了。但是跳完舞以后回家，一觉醒来，跳舞时陶醉的感觉已经消失了，而自己还是原来的老样子。

当然，工作忙碌或身心感到疲惫时，为了纾解一下情绪，听音乐、打球、游泳、爬山、旅行等，都是正当的消遣娱乐，有调剂身心的作用，并没有什么不好。但这些消遣毕竟不是究竟的解决烦恼之道，无法确保永远的快乐。修行佛法所带来的解脱之乐，才是真正、究竟的快乐，放下内心的一切负担，能让我们彻底从苦的观念、经验中得到解脱，这和暂时的快乐感受是截然不同的。

一般人大多为了生活、赚钱而忙碌奔波，身心难免会产生疲累的感觉。如果有时间，不妨做一点义工性质的工作，以休闲的心态来奉献，不但能转换心情，也能体会一下既不为赚钱、也不为生活，单纯只是为了奉献而奉献的感受。用这种方式来帮助别人，不但能够利益他人，也有调节自己身心的作用；不但能达成休闲调剂的目的，也能够获得真正的快乐。

心胸开朗，就不受环境局限

有不少人常常觉得，自己的工作顺利，甚至事业做得也还平顺，生活范围相当广阔，但是内心世界或行为模式却总是像受到某种限制，而被局限在一个小框架里，心胸开朗不起来。

所谓的"心胸开朗"，应该可以分为两个层次，第一种是眼界开阔、心胸广大。通常一个天性乐观、豁达，对于现实的环境与遭遇抱着乐天知命心态的人，才能够做得到。这种人非常幸运，他的性格天生就很开朗，但是这种人也可能变成对什么都不在乎，做什么都好，即使无所事事也不以为意，这么一来，生活可能会发生问题，生命也缺乏意义。

至于心胸开朗的第二个层次，则是指超越全部的时空环境、超越所有的利害得失、超越一切的成败是非，这种超越的观念和心态，才是真正的开朗。

我认识一位原本非常成功的企业家，但后来遇到经济不景气，生意开始走下坡，于是心情非常沮丧。我告诉他："原本你是没有生意的，渐渐生意才愈做愈大，'生意'原本就不是你的，现在不过是回归原点，你也只有好好面对它。"

他说："起初没有生意时都还好，反而是生意好转以后，一下子亏了那么多钱，让我觉得非常放不下、受不了，实在不知道该怎么办才好。"

我安慰他说："生不带来，死不带去，能够处理的就尽力处理，不能处理的就放下。在这个时代环境中，许多因缘条件配合起来，就会产生这样的结果，你心里着急也没有用。"

他听了以后说："难道就这样让全部的事业成为过眼云烟吗？"

我说："你本来就没有事业，一切等于从来没有过。将来如果有机会从头做起，那不也是很好吗？"

他又说："我大概没希望了。"

我鼓励他："不要这么说，这一生没有希望，来生还有希望，永远都有希望的。"

一个心胸开朗的人，对于所有的事情，都不会有"不得了"的想法，但是他能做到该努力的时候就努力、该回避的就回避、该处理的还是会去处理。真的没有办法、处理不了的事情，就坦然面对，接受下来。也就是说，遇到任何事情，都要面对它、接受它、处理它。如果当时的现实条件、环境因缘无法处理，也不要再挂心，就放下它吧！

曾经有一年台风来临前，我们北投农禅寺因为地势低洼，所以未雨绸缪，提前把所有放在低处的物品搬到高处。可是台风来的时候，还是逃不过淹水的命运，农禅寺淹成一片汪洋，损失很多物品。面对这无奈的事实，我认为既然已经尽力处理了，无论结果如何、有没有损失，都不必那么在意，只要全心处理善后就好。

这就是善用因果、因缘的观念来看待事情。

如此一来，就能够超越利害、得失、成败，不受外在环境的局限，到了这个程度，才算是真正的心胸开朗。

痛苦的发生与消失

只要谈到佛教教理，多数人第一个想到的就是"苦"。佛教说"众生皆苦"，释迦牟尼佛也是因为充分感受到人生充满了生、老、病、死等苦，才希望能够藉由修行得到解脱。佛陀开悟之后，首度阐述的佛法基本真理就是"四圣谛"：苦、集、灭、道，苦是其中一个重点，也是我们在日常生活中就能感受、发现到的。

苦从何而来？苦的原因并不是食物、衣服等物质上的缺乏，而是内心的挣扎、矛盾和无法排解的心结，也可说是"内心的苦闷"。我们所感受到的一切痛苦，其实都是我们自作自受、自己制造出来的。在生活当中，由于我们的愚痴，不明白因果的道理，才会造成心理、语言、身体等方面种种不当的行为，这些不当的行为进一步又为自己制造受苦的原因，并且不断地造成因果循环，就像捡石头砸自己的脚一样。这些痛苦形成的现象，就叫做"集"。"集"有集合、集拢、聚集在一起的意思。

所谓"菩萨畏因，众生畏果"，对于苦，菩萨以不制造苦的原因为根本的解决方法。然而，凡夫却只会一味躲避苦的结果，一旦遇到痛苦的事，就希望赶快逃离，在逃的过程中还拼命制造另一个苦的原因而不自知。其实苦的结果有点像自己的影子，正所谓"如影随形"，就像在光天化日之下，想要把自己的影子甩掉一样，即使拼命地跑、跑得疲倦不堪，影子却还是跟随在左右。除非自己的身体消失，影子才会不见。

所以，如果我们不停地制造苦的原因，苦的结果势必永远追随着我们，就像吃完饭后，桌上的残羹剩菜、汤汤水水总要自己收拾，即使花钱请别人帮忙收拾，所花的钱也要靠自己去赚。所以，一切的痛苦都是自作自受、因果循环的结果，逃避痛苦是没有用的！只有面对它、接受它，才不会继续受苦。不过，最好的方法还是不要继续制造苦的原因。

因此，想要离苦得乐，就要减少苦因，而修"道"就是最有效的方法。因为在修道的过程之中，我们的智慧会逐渐增长，而能够运用智慧调整自己的内心，明了现在所受的种种苦难，都是自己制造出来的，并产生面对苦果的勇气。如此一来，就不会痛苦了，也不再怨天尤人、逃避现实，而能够勇敢面对它、接受它、处理它，不会继续替自己与他人制造困扰，同时也会把引发困扰、苦难的原因，减至最低。苦的原因减少了，苦的结果也会减轻，这就是修道。

所以，行于正道的佛教徒，不但能努力减少苦因、接受苦果，还会多替他人设想而广结善缘，相对的，他人也会对你有所回馈。如果没有得到他人的回馈，也不用在意，也许是因为时机未到，也许是我们过去曾经亏欠过对方，现在的付出等于是在还债，只要这么一想，心里就会豁然开朗了。

如果我们真能不再制造苦因、不逃避苦果，到最后，当苦的原因完全没有了，苦的果报也接受完了，就是"灭"的时候。"灭"了之后，就能够使我们解脱、自在，成为一个有智慧的圣人。

我们每一个人都经历过内心的挣扎和苦闷，也都想从中超脱，"四圣谛"说明了从"苦"到"灭"的修道历程，不但是佛法的基本道理，也是我们在生活、修行过程中减少苦、面对苦的指引。

知苦、体验苦、不以为苦

佛法对"苦"有相当多的阐述，它将人生分为生、老、病、死等四苦，再加上爱别离、求不得、怨憎会、五蕴炽盛等，就形成了"八苦"。离苦、灭苦是学佛的目的，然而在离苦、灭苦之前，最重要的还是要先"知苦"。

佛法中对于种种苦的分析，可以帮助我们了解苦形成的原因。然而，如果仅止于文字上的了解，即使将这些名词念得滚瓜烂熟，也无法真正体会苦的真义。如此一来，佛法只不过是一般的知识，产生不了什么力量，遇到讨厌的事情，还是会嗔恨；遇到喜欢的事情，还是会贪爱，照样还是在贪、嗔、痴、慢、疑种种烦恼心中打转。对"苦"的本质仍然一无所知，是不可能远离痛苦的。

人生的各种经验，都要亲身体会过才能变得深刻。虽然许多人一听闻佛法，很快就能够理解人生是苦的，并能运用修行的方法来做一些离苦的工夫，但是大部分的人还是必须在遭遇过非常重大的灾难之后，对于人生的苦才真正有所体会。例如遇上飞机失事，机上所有的人都身亡，只剩下自己一个人存活；或是生了重病，濒临死亡边缘，本来医生宣判毫无复原的希望，结果却大病不死。诸如此类九死一生的经验，体验过生命即将消亡的震撼，使他们对于死亡的态度，以及看待生命、运用生命的观念和一般人完全不同。这是因为他们好像已经死过一次，现在的生命就像是捡来的一样，就会更加珍惜，任何的苦难对他们而言都已不是问题，不会像一般人患得患失，遇到一点小问题就放不下，感到非常痛苦。

另外一些人是因为最亲爱的人突然死亡了，因而发现人的生命非常脆弱、短暂，所以他会很珍惜这一份情感，也会试着用一切可能的方式来纪念这位亲爱的人，也许是发愿做义工、为社会奉献，也许是把所有财产捐献给更需要的人。因为他经过此一遭遇，对于苦有着很强烈的感受，知道人所拥有的一切，即使是生命本身都是短暂的，更何况是身外之物呢？所以从此以后，任何苦难都再也威胁不了他，他也不再觉得痛苦了。

由此可知，菩萨必定是在受苦受难之中产生的。因为他是过来人，再大的苦难他都受过了，所以当身处苦难之中时，一般人都觉得受不了，但是他仍不以为意，不觉得痛苦或困难。而且他是为了救度苦难的众生，才到苦难中来，所以并不觉得自己是在受苦，像这样的人，都有着伟大的人格情操。

可见，如果我们想要知苦、体验苦，从苦难之中了解苦难根本不存在，或者是接受苦而不以为苦，都必须要有相当的人生历练，这并不是人人都做得到的。身为一个修行佛法的人，如果想要离苦、灭苦，也相当不容易，一定要透过不间断的修行，才能跨越层层身心的障碍，从而超越所有的苦难。

不眷恋，也不逃避

佛法虽然谈到人生有种种苦，但这并不代表修行佛法的人一定要远离世间，或消极地逃避现实，才能够离苦得乐。

"苦"这个字，听起来好像只是一种舌头所尝到的味觉。其实佛法所说的"苦"，并不一定是感官上的苦，主要是指观念上的苦。真正的苦是"心苦"，一个人的人生观念如果不清楚、不正确，老是以自我为中心，就会作茧自缚、自找麻烦。所谓"天下本无事，庸人自扰之"，我们就是因为常常庸人自扰，才被称为凡夫俗子。

佛法所说的"苦"，实际上是人的忧、悲、苦、恼等情绪反应，而情绪反应是从自我的观念所产生的。所以，苦并不是与生俱来的，也不是一成不变的，只要观念一改变，痛苦也就不存在，即使表面上看起来好像遭遇了苦难，但只要心中不以为苦，也就不觉得痛苦了。例如我们心甘情愿为儿女、配偶、亲人而牺牲，或是心甘情愿为理想、信仰、心愿而奉献，就不会觉得痛苦，反而会觉得很有意义、很有价值，心里觉得非常踏实。虽然同样是辛苦地付出努力，但只要心中没有任何不喜欢、不愿意、不甘心接受的想法，痛苦便不存在。

由此可知，正确的观念很重要。例如把《心经》所说的"照见五蕴皆空"运用在日常生活中，就能明白我们的生命是因缘和合而成，所有的事物并不是永远不变的，只是暂时的存在。如果体认到这一点，我们就不会老是痛苦地自我挣扎，想要逃避痛苦，而能够采取面对、接受问题的态度，并努力加以改善，而不会感到忧虑。

因此，一个真正懂得佛法的人就会明了，事实上，痛苦是由一己的观念所造成的。现实世界其实没有什么可怕之处，没有任何事情需要加以逃避，也就不会消极悲观、逃避现实。从经典以及历史记载中，我们可以明确地知道，释迦牟尼佛成佛以后，即使已得到究竟的解脱，远离世间的痛苦，他仍没有抛弃这个人间，反而更深入世间，为救苦救难而努力。所以，如果认为现实世界很可怕，而有消极悲观、逃避现实的观念，就不能算是真正的修行。

然而，佛法所说的"入世"，并不一定等于一般人所认为的"入世"。佛法中有"入世"、"出世"和"恋世"三种名称。一般人所谓的"入世"通常比较接近"恋世"，无非是贪恋世间的虚名、浮利、男女情爱，以及种种虚幻不实的享受。真正修行佛法的菩萨，虽身在红尘之中，但并不被世间种种物质诱惑所困扰、淹没，这才是真正的"入世"，也才是真正的"出世"。

因此，"出世"的观念并不是要我们逃避现实、远离人间，而是身在世间，而不受世间种种现象所困扰，这才是"出世"真正的意义。我们唯有做到入世而不恋世，既不眷恋世间，也不逃避现实，才能真正地离苦得乐。

放下一切负担

以佛的智慧来看世间，无论是我们的生命或是外在的环境，包括心理、精神、物质、自然等一切现象，全都是因缘所生。而缘起缘灭之间，并没有一个永恒不变的自性，所以一切都是空的，这就是佛法所说的"缘起性空"法则。

"有生必有灭"，生灭的过程就是不断地变化，其中并没有一定不变的元素，到最后彻底瓦解时，就变成了"空"。实际上，不用等到坏灭，在变化的过程中，当下就可以看到空的事实。例如，某样东西虽然现在很漂亮，但它不断在变化，美丽不断地消失，并不可能永远保持漂亮的外观，从这个不断变化的过程来着眼，它的本质就是空的。因此，"空"并不是指所有的现象都不存在，而是从不断消长的变化中体现它的空性，这也是"色即是空"的意思。

例如，在美国东部，一到秋天，随处可见一整片黄色、红色的叶子，仿佛油画般美丽。然而，一幅油画完成以后，大概能够保存几十年、几百年不变，可是真实的景色经过一两个星期，就全部改变了。花朵也是一样，原本是红色的花，当它枯萎之后，就会变黄、变黑，最后灰飞烟灭，这样的过程显现这朵花也没有不变的自性，而是随着因缘而产生各种不同的变化。由此可见，所有鲜艳美丽的花草都会逐渐失去它的色泽，直到最后完全干枯、化为泥土，并不能永远都维持美丽，所以它们并没有永恒不变的自性。

人类也是一样，或许有人会以为，我们这一辈子是男性，就永远都是男性；这辈子是女性，就永远都是女性。但其实这并不是永恒不变的！如果把时空范围扩大来看，人死了以后，下辈子是男或女是说不定的。又例如，小孩虽然年纪小，但"小"并不是他的自性，当他随着时间渐渐长大成人之后，就不再是小孩了。因此，人并没有不变的性质。我们的身体以及所处的环境都是由"五蕴"——色、受、想、行、识所构成，其中连我们生命的主体"识"，也是没有自性的。

如果我们能够时时刻刻以这种角度、观点来看世间，这个世间就没有什么非追求不可的东西，也不会有什么事情是值得我们讨厌、烦恼和放不下的。因为因缘一直在改变，一切都是暂时的现象，当好的状况出现时，要知道它会渐渐失去，所以不需要太兴奋。从另一方面来说，好的现象可以使它变得更好，坏的现象也可能使它好转，即使再坏的状况发生，最后也不过是一无所有，但是一切本来就是空的，所以并不要紧。

当我们以无常的观念为着力点，就会看到万物的自性都是空的，并没有任何真实不变的东西，因此佛教说"五蕴皆空"。既然五蕴皆空，万事万物都是因缘所生，而因缘所生的东西又是没有自性的，如此一来，还有什么苦可言呢？

明白了"缘起性空"的智慧，我们就能够接受苦而远离苦，而离苦本身就是乐。这种快乐并不是吃饱喝足、接受感官刺激或麻醉后所感觉到的快乐，而是让我们放下一切负担，并且从这些刺激中得到解脱的快乐，我们称之为"寂灭乐"。

寂灭乐是灭苦以后真正的快乐，在这种情形下，并没有相对的苦与乐，而是超越了苦与乐以后的境界。这是智慧与精神层面的快乐，也是一种清澈的快乐。

少欲知足真快乐

在我们的生活中，经常有很多快乐的感受。例如功成名就时，别人对我们的称赞；或是当生活安定，看着孩子一天天长大成人时，也会觉得很满足、很幸福。无论在家庭、事业或社会环境里，我们都会有许多快乐的想法或感受。生活中这些快乐的感受，的确不容否认，但如果仔细深究，却不难发现，我们的生命其实是苦乐交错的，而且苦多乐少。

时常我们所感受到的快乐，其实是忍受痛苦后的结果，而快乐本身，最后也会变成痛苦的原因。所以从佛法的观点来看，"乐"是"苦"的开始，通常也是"苦"的结果。例如辛辛苦苦工作、赚钱，努力了好长一段日子之后，再拿赚到的钱去吃喝玩乐，虽然享受到欢乐，时间却很短暂。而且如果过度地享乐，就像自己没有钱而向别人借钱一样，欠了债就要还债，这就是一种苦。这又像是做了犯法或是对不起别人的事，虽然一时之间可以享受一些便利，觉得很快乐，但是到最后却要连本带利偿还，这时候就苦不堪言了。

佛法认为，这个世界本来就是一个充满"苦"的环境，"乐"和"苦"是一体的，人间的欢乐仅是片段、偶尔、短暂的存在，而苦却如影随形。所以，当在这个苦的世界之中有一点乐的感受时，千万不要以为这就是永久的、可靠的。佛法进一步认为，既然这个世界，本来就是苦的，所以不妨多体认苦、勇于受苦，这样反而苦会比较少。如果只是享乐、享福，福享尽了之后，受的苦会更多。所以佛教有一种修行方法，就是"观受是苦"。

在一般人的生活中，如果想要生活得更自在、安乐，就必须做到两个基本原则："少欲"、"知足"。唯有少欲知足，我们才不会如饥似渴地追求各式各样的欲望，也才不会怨天尤人，埋怨外在的环境总是不如人意。

但是少欲知足的意义，并不是要我们放弃现实的生活。虽然自己要做到少欲知足，对他人仍然要努力地付出，奉献我们所有的智慧和能力。为了对别人付出，就要尽量成长自己，不仅要使身体健康、智慧增长，同时也要增强帮助别人的慈悲心。

一个拥有帮助别人慈悲心的人，就不会太过于重视自我欲望的满足，才能做到少欲知足，而拥有真正的快乐。

知足是幸福的起点

幸福是每个人都希望得到的，但在追求的过程中，有多少人错失了唾手可得的幸福？又有多少人身在福中不知福？很多人穷尽一生的心力追求幸福，换来的却只是白发苍苍和一声声的唏嘘，这都是因为他们不明白幸福的真谛。

虽然财富、健康、名位、权势都是一般人所喜爱的，但这些并不等于幸福。幸福的真谛应该是"平安就是福"。能不能够平安虽然和外在环境有关系，但是决定性的关键，还是在于主观的自我心态——如果自己的心态能平安、知足，就是幸福；如果不知足，要获得幸福就很难。

真正的知足是"多也知足，少也知足，没有也知足"，这是平安常乐的基本条件。不过，"多也知足"还容易理解，"少也知足"和"没有也知足"就很难体会了。一般人大概会觉得纳闷："东西都不够用了，要怎么知足呢？更何况当什么都没有时，讲知足不是很奇怪吗？"

其实，东西多不一定就能满足，因为世界上没有一样东西是真正、绝对的多，所有的"多"都是通过相对、比较而来的。而且，即使真的拥有很多，既不可能永恒不变，也不可能永远维持正面的成长。所以，当"有"的时候就应该知足，至于"少"或"没有"也是一样，因为"少"或"没有"都可能是"有"的开始。

因此，无论将来"有"或"没有"，都一样要努力，不要和别人比较，不要和过去比较，也不要和未来比较。只要活着，就要凭自己的心力来做事，如果做错了事，就要懂得忏悔、反省；如果做得不够好，就要继续努力把它做好，力求完美，以求不愧于天地及自己的良心，这就叫做"知足"。

我常常向弟子们讲一个比喻："不知足的人就像生活在米缸里的老鼠，不知道自己的身边都是可以吃的米，却在米缸里撒尿、拉屎，把米缸弄脏了，才又跳出去找东西吃。不但身在福中不知福，还糟蹋了自己的福报。"例如，虽然在禅堂里有很好的环境供大家修行，还有老师指导修行方法，但是很多人仍然想着："这个方法不好，这个修行场地很差，我的身体很不舒服……"用这些借口来拖延自己的修行，不就像是米缸里的老鼠吗？

因为缺乏感恩、知足的心，得到利益以后不但不会满足，而且还会嫌弃别人把不要的东西送给他们，这就是身在福中不知福。此外，我们也要常常想到，自己的福报是从过去生中带来的。所以，这一生要好好地惜福、培福，不要糟蹋了自己的福报。

一个真正知足的人，能够了解"进退自如"的道理。退的时候，他不会怨天尤人，也不会认为是老天瞎了眼，自己生不逢时；进的时候，他则会心怀感激地想："如果不是我过去修来的福报，就是别人对我太好了。因为得到许多人的帮助，我现在才能这么顺利，无论得多、得少我都很感激。"

所以，一个人如果不培福、惜福，却老是在享福，福报就会愈来愈少，幸福的日子总有结束的一天。一个懂得知足、惜福、培福的人，当遭逢逆境时不会抱怨，在一帆风顺时则懂得感谢，无论何时何地都感到心满意足，才是个真正幸福的人。

在不断的错误中学习

我们常说，"修行"就是"修正自己的行为"，可见修行必须要有修正的对象。因此，每一个人无论在待人处世、行住坐卧，或是起心动念之间，时时刻刻都需要反省、检讨，才能对自己的行为加以改正，否则就是盲修瞎练、浪费光阴。曾子也曾说过："吾日三省吾身。"劝勉自己每天都要自我反省，由此可见，正确的反省有多么重要。

反省首重"惭愧心"：不应该做错却做错了，应该可以做得更好却没有做好，这些都要感到惭愧。我们常听人说："多做多错，少做少错，不做就不错。"其实这是一种错误的观念。因为无论我们做什么事，都不可能一下子就做得尽善尽美，也不可能永远不做错事，不动坏念头。所以，不需要害怕做错事、动坏念头，怕的只是做错了事、动了坏念头，自己却浑然不觉。而我们唯有藉着不断地反省、检查，才能看清自己是否做错了事、说错了话、动错了念头。

　　禅宗的祖师大德也告诉我们，当我们用修行方法来检查自己的心时，就可以发现在每个起心动念之间，处处都是错的，真正想对、做对的事情其实很少。因为错误和正确其实只是大小、程度的深浅之分而已，世上并没有绝对正确的事。因此，身为一个佛教徒，不仅要反省自己的言语、身体的行为，即便是起心动念之间，也要清清楚楚地觉察。例如，自己的想法或行为会不会伤害人？如果想要帮助人，也要问一问帮助得够不够、是不是恰到好处？这些都是应该随时随地自我反省、警惕的。有了自知之明，知道问题所在之后，才能加以改善，这才是最重要的。

　　现在社会上有许多人，无论是大人物或小人物，说话都不算数，也不负责任，不知道自己究竟讲过什么话，即使讲过了，也赖皮说自己没有讲。他们有可能还记得自己说错话了，也可能真的忘记了。这些都是因为缺乏反省的工夫，所以几年前、几天前，甚至刚刚才讲过的话，都不记得了。

　　有时候我自己说错了话，也有可能记不清楚，当别人指正我时，我都会说："很抱歉，我真的说错了。"因为每个人都会有盲点，所以需要别人来协助我们反省。如果别人指出自己的缺失，自己却不认账，反而指责对方胡言乱语，认为自己一定是对的，这个人就无可救药了。

　　但是，如果你真是对的，却遭到他人的纠正，也没有关系。因为无论对方说对或说错，当别人指正你时，总是存着一片好心，所以都要对他说一声"谢谢"，即使对方不怀好意，也一样要感谢他。因为他愿意当面告诉你，而不是躲在背后批评你，就算别人在背后批评你，也要想到，至少对方是关心自己才会这么做。

所以，人生应该在不断的错误中学习，发现错误、改进错误，然后才会逐渐进步、成长。反省的功课，一方面要靠自己觉察、自我改正；另一方面则要在他人指正我们之后，再自我检讨，这是使自己不断成长、不断成熟的最好方法。

许一个不会落空的愿

人人都有愿望，但不一定所有的愿望都能实现。愿望会落空，是因为通常我们都只重视眼前的一个小点，例如，心中想要得到一朵花，一旦无法顺利获得，就会认为自己的愿望落空而觉得沮丧。其实，如果没有花，能得到一根草也不错；即使没有花、没有草，能得到一根树枝也很好；就算什么都没有，我们的心也不要受影响。

事实上，要为他人、为众生所发的愿，才能叫做"愿"。如果只是为了满足一己的私心，则只是一种贪念，而建立在贪念之上的愿望，当然很容易落空。既然真正的"愿"是为了众生而发，而众生是无穷无尽的，所以我们的愿永远都不可能完满。就如佛教所说的"虚空有尽，我愿无穷"，一直到成佛为止，我们的愿都不可能全部满足。因此，愿只是一个方向、一个希望，指引我们不断地往前走而不偏废。

然而成佛以后，愿真的就完全实现了吗？虽然十方世界中已经有许多佛，可是还有那么多尚未成佛的众生有待得度。所以，成佛以后还是要不断依照着自己的愿力往前走，而且是永远都走不完的。例如，自从释迦牟尼成佛以来，虽然他自己已经没有事了，但他才真正开始要度众生，而众生无穷，自己的愿力当然就是无穷的。

所以，当我们对于愿望的实现感到心有余而力不足时，千万不要太在意，只要明白自己有这份心就够了，对于尚未完成的部分，仍然要秉持初衷继续做下去。这一次完成不了，还有下一次，即使这一生做不完，后代的子子孙孙都可以继续努力。而且从佛教的立场来看，人的生命是由无限的生命过程所累积起来的，一生只是一个过程，这一生过完了，还有下一生，永远都有实现愿望的机会。

另外，想要度众生还需配合种种因缘，如果某个众生得度的因缘成熟了，我才能够度他，如果因缘尚未成熟，也不能只是等待因缘，而要先促成让他得度的因缘。

例如二十年前，我在美国东岸弘法时，虽然南北走了好几遍，可是连一个徒弟也没有，当时就有人对我说："圣严法师，您的愿好像落空了。"我说："没有落空，我今天是来撒网的，过一段时间再来收网、捞鱼。即使没有捞到也无妨，反正网已经撒下去了，总有一天会捞到鱼的。也说不定是因为现在鱼还太小，而我的网眼太大了，就算捞起来，鱼又会从网里跑掉。所以，等小鱼长大变成大鱼，自然就会进我的网了。"

二十年后，美国东部已经有很多人学佛，最后到底是不是由我去捞鱼，已经不是重点。虽然我不一定能够得到回馈，表面上好像愿望落空了，然而撒网本身就是我的愿心。就如佛教所说的"功不唐捐"，我们所做的任何努力绝对不会白费，一定会有它的功能，即使现在看不到，仍会在未来渐渐地展现出来。

　　因此，只要我们愿意付出，一定会有所影响，虽然不知道能够影响多少人，但是慢慢地一定会展现出效果。所以有了这样的认知，我们都要为众生的福祉而发愿，而这样的愿望是不会落空的。

Chapter 2
生命的意义

生命的意义何在？不断地学习、奉献；使自己成长，并成就他人。

无常无我

问：多年前在为禅七开示时，法师曾经说过一个故事，以阐释生命的本质。这个故事提到有一个人在旷野中旅行，被一群强盗追逐，仓惶无依。忽见有一口枯井，井边有一条老藤，于是立刻攀住老藤下井。这时候井口来了两只黑白老鼠噬咬着老藤。而在井四周又有四条毒蛇对着他吐信，井底也有一条毒龙。他一边害怕毒龙、毒蛇的侵袭，一边又担心老藤会被老鼠咬断。突然他抬头一看，正好有蜜蜂在老藤上下蜜，他竟忘了自身的危险，伸舌舔蜜。老藤一摇动，蜜蜂就飞下来螫人。此时又有野火来燃烧老藤。故事中的旷野比喻无明长夜旷远，此人喻众生，强盗喻无常，井喻生死，老藤喻命，黑白二鼠喻昼夜，二鼠噬老藤者，比喻人的念头刹那生灭，四毒蛇喻"四大"，蜜喻五欲，蜂喻邪思，火喻老病，毒龙喻死。

法师说这故事，就是说明人生的事实，危机重重，给人的感觉有点消极，觉得人生很苦。难道生命的本质就是如此吗？

答：那是事实，不是消极。佛教说四大无常、五蕴非我，能了解这点，从人生的痛苦中解脱，就能体会真正的乐。四大无常、五蕴非我，这是事实；也正因为无常，更要珍惜，从无常当中得到积极的启示，所以"无常"一点也不消极。

佛教说人身难得，生命是非常珍贵的，而人身的组成，就是由四大而来。所谓四大，是指地、水、火、风。地是矿物质，水是液体，火是热量、体能，而风是呼吸、循环系统。这四个因子相互影响、互相作用，少了一样，生命的现象就不完整。例如液体的流动（水），要靠呼吸循环系统（风大）和热量、体能（火大），而能量则蕴藏在矿物质里（地大）。这四大如果能调顺，生命是活泼有力的，四大不调就容易得病；四大若分解，人就会死亡。人的存在就在四大之中。

四大无常的意思，指明它因因缘和合，而有生命生成，但终归要衰退、分解、离散。人的一生往往追求四大的协调和顺畅，使生命现象茁壮精益；其实，生命高峰期的阶段很短。由人的成长历程看来，五岁之前，懵懂无知；大概要过了五岁，才知道有个体的我，开始慢慢学习；十岁左右学习速度加快，这段学校教育的学习过程，大约要到二十岁左右，有的人更晚。但即使毕业进入社会，也无法马上贡献所学所能，还是得在职场中学习、适应一段时间，真正熟练工作都得到二十五岁。

联合国一般以六十五岁为退休年龄，现在虽可往后延，也不会超过七十岁，就算能延到七十岁；算算看，人生最精华的时期，不过四十五年，这是非常短的。就在这四十多年间，通常是成家、立业、照顾高堂及幼儿的忙碌阶段。

在这段忙碌期间，许多人尚不察觉体力、精神和时间有多珍贵和短暂，还要放逸、懈怠、浪费。像狂赌滥嫖、纵情酒色之徒，年轻时，以为再多的伴侣也应付得来，但中年之后，身体就会告诉他，已被他透支了。

就是一般人，年轻时或许自认精力用不完，但体能消耗之快，往往超乎预期。

法鼓山有位悦众菩萨（义工干部），是个退休的中学老师。他五十岁到法鼓山，非常精进，上山下海，活力充沛。前些时候我想另外交给他一项重要任务，这位六十多岁的老师说："师父啊，不是我不想接，是身体不行了，要是接下这个任务，恐怕我要死得早一点。"原来两年前他得了高血压，血压常高到一百九十，白天若有事情没完成，晚上就睡不着，影响第二天的精神。短短十年，精力差很多。

而我是一向体弱多病，可是我的心力很强，遇到困难不会退缩、放弃。我曾想，到死为止，我的身体再怎么病，以我的心力还是可以叫它动起来。

我五十五岁时曾感染滤过性病毒（带状疱疹），病情相当严重，痛得没办法入睡，这样持续了一个多星期，到荣总诊治病情才好转。病愈后，体能再也不如从前，不过，我自知心力还可以，于是六十岁那年开创了法鼓山。

一九九九年（七十岁）春天，我因牙疾就医，医生在使用根管治疗时，使用消毒药剂不小心，把我的舌头烫掉一层皮。糟糕的是伤口在侧边，吃饭、讲话都会磨到牙齿，其痛无比。我又因白血球数量过低，免疫力不好，医生不准我吃抗生素，三个星期伤口才愈合，多吃了些苦头。俗话说英雄就怕病来磨，何况我又不是英雄，精神、体力又耗掉一回。年纪大了，就是不能病，体力消耗了就回不来。

所以，人的体能旺盛时间很短，能量有限，要好好运用和珍惜。正因四大无常，更应警惕；人的生命随时会结束，不是只有老病而死，什么时候死、怎么死都不知道，没有定数。难怪有人形容人生的短暂像沙漠的植物，一遇雨水，很快就发芽长出地面，开出五彩鲜艳的花朵；然后花谢了结子，水分耗尽，母体就枯萎而死了。中国人也用石火光影形容短暂的人生，犹如两石相击，迸出火花、照射的影子，一闪而过。

在宇宙无穷的时间里，人的生命真是短得有如瞬间。若能够懂得珍爱利用，则此生虽短，其价值的延伸是无穷的；如果浪费、糟蹋，不但此生短暂，对未来也没有价值可言。人总是需要在努力中获得对于未来的希望和快乐。

佛教又说五蕴非我，这五蕴指的是色、受、想、行、识，是人的生理、心理及精神的全部。

色讲的是所有的物质，也就是四大。人的身体是由地、水、火、风四大组合，扩大来说，地球是我们共同的大身体，而这个大身体也是由四大所合成，它存在于无限的宇宙之中，与远大的宇宙对比之下，地球的寿命也算是短暂的，所以地球也是无常的。

受是感受、觉受，是心理作用。

想是思唯，当你有感受之后，大脑就会开始作用，有了思唯。

行是行动、作为。有了思想、想法，人自然根据这些主意起反应，去做一些事情。

识有两种功能，一是认知性的、辨别的；另一种是持续的作用，让人的前一念到下一念，念念相续，形成绵绵不绝的念，也就是一般说的心。

色蕴（四大）强调人体的形成，其余四蕴则指出，生命现象中心理和精神功能的重要。色、受、想、行、识，少了其中一项功能，生命也就不完整。例如得了失忆、失智症的人或是植物人，四大虽在，五蕴则已不全，这就不是正常、完整的生命现象。

放下执著

　　五蕴非我的意义是说，人的生命现象是由五蕴构成，离开五蕴，根本没有一个"我"的实体存在。人若能悟到五蕴非我，就能解脱成圣人了。

　　"五蕴非我"不是对事物、环境没有感觉和反应，也不是完全否定人的心理、精神作用，而是放下自我的执著中心，不以自我为认知、判断的中心。例如有人骂你，是他在骂，你这个人并没有挨骂，因为他骂的其实是你的五蕴。也许是你的言语、行为（行），或者哪根筋不对了（想），惹人家有此激烈反应。那么自己反省一下，如果自己没错，就不用生气了；如果说错、做错，那下次叫自己的五蕴别犯错就好了。如果你也跟着生气，想骂回去，那么你又犯了双重的错了。

　　五蕴非我，不是否定自我，而是不执著一个"我"——一个固定的、绝对的形式或准则。大凡世界上所有的宗教，都有一个绝对的真理、最高的信念，但佛教没有。所以，佛法无定法，一切都是相对的。佛教说人要有正念，正念是没有偏见，什么是没有偏见？这也因人而异、因时而异。

几年前有个人，非常疼狗。有一天，他抱着狗来寺里，见到我就说："师父啊，你看，我这只狗多乖多可爱啊。"我就先摸摸它，主人一定要我抱它，我就抱了起来，而且一边对它说："好可爱呀，你一定有善根，要多念阿弥陀佛啊！"

其实，我摸那只小狗，等于摸它主人的心，我赞叹它，等于赞叹它的主人。

后来，有个信徒抱了一只狗来，说要送我。我告诉他："寺院里的出家人是不准养宠物的，这是戒规。"

"师父，因为您喜欢狗啊，您不可以装啊，我上次看到您抱狗，很喜欢的样子，人要真心啊，您怎么变来变去。我不相信您不喜欢狗，这只狗您收下吧！"

"阿弥陀佛。上次我那么做，是为了度那个抱着狗来看我的人啊。"

又譬如，有一对夫妇带着他们三岁的孩子来见我，我也不看那两个大人，而是先跟小朋友打招呼，跟他玩一会儿，称赞他健康乖巧；然后跟他爸妈说，这孩子真好，要教他念佛、拜佛。这样做是希望他们全家能跟佛结好缘，孩子都是父母的心肝，要他念佛拜佛，等于也鼓励大人念佛拜佛。从这两件事，要说我是爱狗、爱小孩，那是错的；但若要说我讨厌狗、讨厌小朋友，那也是错的。

五蕴非我，是不以自己看到的我为我，要以他为我；如果不断地以"我"为出发点，以"我"代替他，以"我"来要求他，以"我"责备他，这是强烈的自我中心在作怪，当然就不是"无我"

了；而且这个"我"还很大呢，更是个烦恼的我。这种"我"先是伤害人，然后反过来伤害自己。

然而，以他为我，这个"他"是没有特定对象的。有些父母会说："我做的一切都是为了儿女，在我生命中，子女是最重要，只要他们好就好，我自己无所谓。"这样的父母是以子女为我，所以也并非"无我"。

"以他为我"的"他"，不是指特定的某人或一群人，也没有固定的形式，连观念上也不局限任何层次、种类。所以我学习着跟什么人都谈得来，人家谈运动，我也谈；谈艺术，我也聊；就是赌博，我也谈。这不是因为我喜欢运动、艺术、赌博，而是因为对方喜欢。谈着谈着，只要转个弯，就可以与佛法相通。如此，我弘扬佛法、利益人间的目的就达到了。

问：佛法和赌博怎么相通？

答：哪样事物不是在赌博？生命本身就是一桩大赌博，随时都在下赌注，但高明的赌徒不会盲目地孤注一掷，总要有了五成以上的把握，才会放手一搏。企业家、政治人物也在赌，只不过用的不是纸牌、骰子。我也是在下赌，因为我的弘化工作，没有一件事我敢说一定能百分之百完成；事情要圆满，除了个人的条件、努力，也得有其他因缘的促成。像我们要办一场露天的弘化活动，预估五万人来，准备的工夫需达半年到一年，要投入许多的人力、物力。活动当天要是遇到狂风暴雨怎么办？对于天气，无人能够掌控，这事要做，但同时也担着风险，所以我也在赌。

人生中许多重大的决定，例如念什么科系、入什么行、和谁结婚，要不要买房子等，都是赌博，都有得失。而佛法教导我们坦然面对因缘、面对无常的智慧，可以让我们在人生赌局中离苦得乐。

问：法师先前提到人身难得，这是为什么？

答：不是有句话说，百鸟在林……

问：不如一鸟在手。

答：（击掌）对呀！很多人说"将来"要做这个、做那个，我此生的理想做不到，来世再做。其实那真是做大梦啊！现在得到这个生命很珍贵，此生之后的下一次，能不能再有这个身体，你有把握吗？这是完全不知道的，所以说人身难得。

问：如果我是一只鸟、一条鱼、一只狗，我的生命也很难得。

答：没错，但是它们没有学习知识的能力、没有奉献所学的能力；它们只能自然地生与死，最多奉献自己的肉给其他的动物吃，或者只能为人看门、陪人玩耍。

我曾遇见一个认为做工很辛苦的年轻人，看到旁边一只狗在玩，他说好羡慕那条狗，不必工作就有饭吃，不像他那么辛苦，所以下辈子他想要当狗。

问：对，很多人在受苦痛折磨时，情绪低落，都会脱口而出说："下辈子不做人了，做只鸟呀、蚂蚁好了。"

答：（点头）我告诉这个年轻人，当狗是好，但是如果你不喜欢这个工作，你可以离开，可以选择别的工作，或者再进修；不过这条狗就没得选择，你还愿意当狗吗？他想想，就说不要了。

身为人是可贵的，现代人更可贵，因为现代社会渐渐民主化、自由化，这是趋势，各国皆然，不像过去的祖先常受政治及强权的压迫；即使在不太民主的地方，只要你有才能、有智慧，一样会受尊敬。只要学习能力强、贡献多，抱持着"以他为我"的态度，你跟全世界的人就是结合在一起；因为你的付出所发散的能量，会影响全世界所有人，尽管他们不知道你的名字。"无我"是智慧的，带给人正面的影响；"有我"是烦恼的，从有我出发做出来的事、说出来的话，虽然不一定全都会造成负面的影响，但往往好坏夹杂，不一而足。

成长自己，成就他人

问：从这个观点，您认为生命的意义何在？

答：不断地学习、奉献；使自己成长，并成就他人。

问："成就他人"的内涵是什么？要做到什么地步才算成就了他人？

答：我们的着力点，离不开时、空两个因素。空间是我们身处的大环境，而时间上，也离不开过去和未来。由这两个因素观察，人不是孤立的；只有单独个体存在时，不但不会进步，而且危险。不要以为只有一个人，就能享有最大的自由，殊不知危机很可能从四面八方潜涌而来。许多动物、昆虫都是群居的，道理如此。

其实，我们贡献他人的时候，获利最多的往往是自己，这好比身陷危境时你只求自救，就算安全了，却不知前面还有什么危险正等着你，以你一人之力，难以应付这些潜藏的危机；但如果你自救之后，再去救了一群人脱险，纵然危机四伏，靠着众人的智慧和力量便能应付，自己也能得到真正的安全。

2. 生命的意义 · 047

在实践上观察，有些人行事散漫马虎，觉得小小的错误，无伤大雅，也不见得须为此负责。但是，久而久之，这种不负责任的态度，便会在意识中形成很不好的惯性。一旦如此，这种人生会愈走愈辛苦。反之，多做自利利人的事，负起责任，不断自我训练再训练，也会练就好的惯性，那么这种人的生命去向便与前者截然不同。所以说要不断锻炼自己、成长自己；至于贡献，事无大小，尽力而为就是了。因而"成就他人"是无法表列、明定规格的；心里常想着帮助他人，就是对自我成长的良好训练，也就能够成就他人。

问：法师刚提到"以他为我"的重要，这令我想起一则故事。从前有位法师，他也说过要随顺众生，有人要他站，他就站；有人要他坐，他就坐。虽然这位法师只是举例，但是对一般人而言，也许一方面难以想像把"我"全部放掉，是什么样的境界；另一方面社会环境日益多元及复杂，可能有些时候，"他"方会彼此冲突、矛盾。譬如父母、子女、兄弟姊妹和朋友之间的意见、期望不相同，那该怎么办？若以那位法师的例子来说，要是同时间，有一个人要他站，有一个人要他坐，他到底该站，还是坐呢？

答：随顺众生的意思不是随波逐流，也不等于没有原则地盲目服从，而是要以智慧及慈悲的尺度来权衡轻重。凡是有益于己也有助于人的，那就可以照着对方的吩咐去做；凡是有益于人而无损于己的，都当从善如流；凡是有大益于人而有小损于己的，也当全力以赴；凡是无益于己又无益于人的，当然不能照办了。如果遇到不讲理的人，他叫你站而你不站，就会立即受到伤害，你最好不用逞强，还是学着那位出家人的忍辱行吧！

问：这一二十年间，受到各种因素的刺激，台湾变化很大，许多价值观正在解构、重组，各种意见、观点纷陈。其中有一种人生态度在年轻人身上广为流行，就是爱自己多一点，对自己好一点。这大概是他们认为的"健康的自私"吧！因为把自己弄好了，条件比较好了，才可以付出；否则每个人体力、财力、能力、资源都有限，如果什么都只为别人，可能到最后透支了，自己先垮了。这种看法跟"五蕴非我"有抵触吗？

答：这种思想多半是受西方人的影响。中国儒家传统上讲仁、爱、忠、恕、责任；而西方的价值体系多由自我出发，行事上，他们一定考虑权利、义务，我是纳税人，那么这件事对我有什么好处。美国历任总统也常说，他们为了美国长远的利益，必须援助第三世界国家。虽然东西拿出去给其他国家，但最终还是为了美国。所以，虽然从自我出发，但最后对个人和社群、国家，甚至国际都有好处，这是他们的文化模式。

这样错了吗？不尽然，有它的道理存在。中国古代思想家杨朱说过，拔一毛以利天下而不为。看似自私，但杨朱说，如果每个人都把自己管好了，照顾好了，那么天下还有谁需要别人帮助呢？就如佛教讲的解脱、成佛，也是一种自利，希望修习而得开悟，自利利他，推己及人，都是这样讲的。原则及逻辑上是没错的。问题是，很多人相信"自利利人"这句话的前两个字，奉行前两个字，却忽略了后两个字的意义。

现代社会是经济、消费社会，偶尔为自己买件好衣裳、吃顿大餐、外出旅游，这是休闲，就像工作了五天，就得休息一两天一样；生活的确需要调剂，既可纾解压力，让孩子欢喜，家庭也和乐。但若打肿脸充胖子，人家有你也一定要有，为了这些休闲、消费而入不敷出就不好了；太着重自我感官的娱乐或只强调爱自己，忘了这样做的目的是为了奉献，就颠倒了。就像我们睡觉，是为了恢复体力，让心、脑休息，沉淀、消化，再继续明天的工作，不能把睡觉看成目的，它只是个方法。

现在我们提倡以他为我，以"他"为中心，为了能利他，我必须不断进修；如此一来，反而成长了自己，这就是"利人便是利己"的道理。我们观察每个人的学习过程，大概在两到三岁期间，都有一段自我中心非常强烈的时候，甚至会强到想指挥父母、影响家里的作息时间，等等，爸妈"不听话"，就一哭二闹发脾气。

之后，从各种学习渠道中，孩子逐渐长大，也都伴随着把"我"变小的过程，不断地从非常自我，进而体会他人的自我，反省自我，检点自我，充实自我，成长自我。

我自己也是这样，现学现卖；看艺术展览，了解电脑，也听听别人介绍网络，然后融入自己的思想体系，再与人交谈时就容易契合，不至于与社会脱节。我说自己像个发货站，人家需要什么，我就去学（进货），然后再分派出去给人。我究竟学些什么？当然是以佛教思想为引导、规范，我是不会去学以伤害一批众生来助益另一批众生。所以，每个人的学习方向，都应有一个思想指导、有个范围。

问：人的成长过程中，的确有一个层面是学习从有我到无我，同时也学习如何独立思考，不要人云亦云；如果在社会上与人意见不同，这种情况在职业生涯中也很常见，有时和上司或与同事看法、做法分歧，甚而引发冲突，这是有我，还是无我？

答：这也因人、因时而异。如果是因为自我中心，个人善恶、利害而引发冲突，那是有我，烦恼的我。相对的无我不是没有思想、没有意见，没有独立的思考能力；而是不以一己的喜怒哀乐、利害得失与人计较。在职场上，你是站在企业的立场，提出你认为比较好的方法、策略、步骤，那是为"他"，当然应该说出你的意见，让大家参考，至于是否被采纳，就不必太在意、太烦恼了。

问：二十世纪是人类在民主政治、经济发展大跃进的一百年，这个基础奠定军事、太空、医学、生化及电脑各个科技领域的长足演进。现在，我们甚至看到基因工程三天两头就有新发现，而克隆人的实现似乎近在眼前，也引起广泛讨论、争辩。法师刚刚也提过，世间大多作为，多半好、坏夹杂，因为不能完全做到无我。身为科学家，分明知道他的发明虽可造福人类，却也同时将导致不小的负面作用，虽为利他，却也可能有伤害；像克隆人这件事，该去做吗？您刚才开示，佛法无定法，没有绝对是非、好坏标准，像这样的事也是如此吗？

答：每个工作的角色扮演是不同的。科学家的角色，是找出人这个小身体和外在大身体（地球及宇宙）的现象，然后加以运用，这是他们的责任。发明的本身并没有错，至于它可能诱发的副作用，就得靠有智慧的人来预防，从政治、法律、宗教、经济、哲学等方面未雨绸缪，事先做好准备。

现代的克隆科技已经成功地克隆牛、羊、猴子等动物，虽然法律目前仍不允许复制人，但那是时间问题，法律的防线迟早也会松动。现阶段在技术上，克隆人还有一些难题未获解决；譬如，从五六十岁的人身上拿细胞来复制，甫出世的婴儿，没过几年，虽然还是儿童的心态，其生理状况却已是五六十岁的老态，这是很痛苦的事，这一点还没克服，但这应该也是时间的问题。

依我看，到二十一世纪末，地球上可能就有一定数量的克隆人了。这种科技的发展，当然会对现有社会的价值体系、法律责任、伦理道理等层面造成冲击。但一如全世界百分之九十五以上的人口（国家）安度电脑千年虫危机一样，只要先知道问题所在，集合众人智慧去解决，就可以掌握局面，不致大乱。克隆人所引起的一些问题，例如父母的定义是什么？还有，一个人只要拿一点细胞，就可以复制好多人，真像孙悟空一样，拔一根毛一吹，就变化出无数小猴子，那又该如何？所以需要一些法律和伦理道德的规范。

问：真到那个时候，不是很恐怖吗？

答：（摇头）那也未必。凡是尚未发生的局面，若非将之过度的理想化，就是将之想像成可怕，都是不必要的。

Chapter 3

人生三部曲

　　很多人认为青壮年耕耘，晚年是收成、享福的时候。其实从小到大到老，我们都是一路学习，同时也一路在收成。

　　尽己之力，就是立功；与人和平相处，就是立德；说话算话，用真诚心讲话，就是立言。

年轻人顺势而为，随缘而做

问：在时序上，人的成长都得经过青、壮、老三个阶段。由于各时期所拥有的资源和面对的环境不同，法师认为不同阶段的人，应如何建立并实践人生观及生命的价值？是否先从青少年开始谈起？

答：现在二三十岁的年轻人，在追求什么呢？据我所了解，第一是爱情，第二是成名，想发大财的年轻人可能少一点吧！

寻觅异性伴侣，是动物的本能。成长中的少女少男，有的甚至等不及成年再打算，年纪虽小却已有爱情美梦。不过，这时候需要思考一下。小说中的爱情凄美、浪漫，很迷人；但沉溺于爱河中挣扎的人，有时喜悲掺半，有时患得患失，有时痛苦不堪，情绪波动极为汹涌。二十五岁以前正是学习的阶段，把精力、时间耗费其中很可惜。若是很自然地交往，两情相悦、彼此勉励，那也很好。

年轻人多半想一夕成名，这样的速成美梦也得思考一下。通常，有特殊机遇或天赋的人，是有一夕成名的机会；但是对大多数人而言并不容易，因为实力不够，即使想尽办法、使尽招数成名，也是虚名。这种人往往为了保住名声，得做更多的虚功，十分辛苦地维护虚名，这是很痛苦的事。如果真得了名声，也当小心，锋芒不要尽露。有句话说"满招损，谦受益"，隐藏一些、谦虚一点总是好的。

除了追求成名、爱情之外，在这个成长阶段，更重要的是要自我充实技能、知识及品德，以奠定人生的基础。

目前的社会以经济为导向，一定要有一技之长，才能使生命的发展有延续的基础，并免于匮乏之忧。在选择志向时，千万不要一窝蜂、赶流行；还是多听听自己内心的声音："我喜欢什么？我的学习能力如何？"再配合机缘去判断和抉择。年轻朋友之间相互影响，或受媒体左右，容易模仿偶像、赶风尚。因此，对于选择自己的人生出路，要稍微逆向思考一下。大家都在挤最热门的科系、行业，但哪来那么多机会？这样竞争不也同时增加了吗？更何况环境、技术演变很快，现在热门的，不见得未来就热门。

依着自己的性向努力钻研，虽然眼前的选择不一定是热门"趋势"，起码你的工夫好，即使冷门，在分工的社会中，还是会有一席之地。因此，毋须勉强自己非学什么不可，顺势而为，随缘而做。我相信，即使再怎么不聪明的人，只要肯用心下工夫，一定会有成果。

行有余力，再培养一些健康的嗜好，以供消遣、娱乐，调剂生活。同时也早一些准备人生修养及健康的宗教信仰，因兴趣、嗜好、信仰而认识许多的朋友，自然会扩大生活圈，拓展自己的眼界，吸收不同的经验，这些都是生命的资源。

一般都认为只有在与人互动的时候才会发生"品德"的问题。不过，古人云："君子慎独"，其实一个人独处的时候，也会显现个人品德的特质。如果尽是胡思乱想，看或做一些不该做的事，例如，不健康的书刊或电子媒体等；不要以为没人知道，没有关系。事实上，这种行为会形成惯性，内化且毒化成"异味"的气质；如果自己被毒化了，与人交往时，也会影响别人，这样一来，品德就有问题。

所以，从小要了解习性作用之大，不要掉以轻心，须时时提醒自己，做任何事都要同时为自己及他人负责。因为负责任的人，会懂得关怀他人；这种人愈老愈有人缘，因为这是珍贵的人格资产，只会愈累积愈多，而且别人无法夺走。相反的，自私的人，别人会远离你；自私而又有权，别人离你更远。这种人一旦失势，难过、沮丧、失落是可以想像的。

生命的原点

问：法师刚刚指出了年轻朋友努力的一个大方向；但一些统计数据显示，十五到二十四岁这一代的青年人中有一些现象，令社会学者和心理学者非常关切，例如自杀的问题。根据卫生部门统计，这一代青年的死亡原因中，依序是意外事故伤害、恶性肿瘤、自杀和他杀，可以说在这么年轻就过世的人，许多是"死于非命"，而且比例呈现缓慢升高的现象。

答：一些学者，对这种现象提出了研究心得。论点之一指出，这个阶段的年轻人刚刚脱离儿童期，自认为已是无所不能的大人，所以容易做些冒险度高的行为（喝酒、飙车以致自残），以证明自己已长大。但是面对未来，他们却又有点抓不住的感觉，所以飘浮其间，有时很乐观，有时又颇感忧郁，若加上环境的刺激，也许就容易自伤或伤人。

问：法师对于这个现象的看法如何？宗教界如何看待自杀？

答：这不是一个单纯的问题，年轻的孩子到了走上绝路的地步，或成为别人眼里的问题人物，事实上反映出家庭、学校、社会的问题多一点，年轻人自己的问题还不算大。

现代父母，能让孩子觉得他们的意见可取的并不多。在思想上，年轻人并不太受父母影响，这多半是因为父母不跟孩子做朋友，因此上一代难以进入下一代的生活及内心世界，才会觉得"孩子怎么变成这样"，无法理解年轻人的言行。在这种情形下，父母察觉不出孩子潜在的问题。等状况浮现之后，常常束手无策，不知如何处理，这是个大问题。

年轻人好奇、学习力旺盛，这同时意味着他们的模仿力也强，他们习惯三五成群，互相感染。所以，社会风气对他们影响很大，譬如跟着流行穿短裤、紧身裤，不会考虑这对健康是好是坏；见大家都买名牌，自己也想要，没想想自己是否买得起。

更重要的是在学校教育体制内，多半着重知识、技术的传授，至于人格教育，好像就交给训导处。但是，训导人员天天耳提面命，不可以这样，不可以那样，并且定出条条规矩，错了就罚，对了就赏。光这样对学子的人格养成是不够的。

学校教育中非常重要的一环，是老师的身教、潜移默化的熏陶；老师如果不懂得用尊重的态度、方法对待学生，而说一些讥讽轻蔑的话，等等，这不但不能让犯错的学生心服，对其他人也不是好的示范。相对的，教育体系也应该多着力改善教学环境，给老师更多资源；如果一个老师要照顾三四十个学生，他就只能注意那些已经出了问题的学生，而无力顾及那些潜在的状况。

问：什么是宗教教育所提供，而正规教育缺乏的？

答：宗教讲出生之前的源头，所以生命有了根；宗教也讲死之后的未来，所以生命有了归宿。有了根，就会对自己的命运有安定感；相信有未来，就会对自己的现在负责，当然就有无限前程的希望。缺乏宗教的引导，生命犹如失根的兰花，无处着力。人生中只讲道德，做起事来不免困难重重，因为许多是非善恶不是一时之间就能分明的，常常对不负责任的人莫可奈何。有些作恶的人只要不被抓到就心存侥幸，也许会遭人谩骂，却也无可奈何他。碰到这种人，就得靠宗教的力量来帮助他了。有宗教信仰的人，不仅怕人家骂，而且懂得对自己的所作所为负责。一如海中行舟，明白自己启航的来处，知道自己前程靠岸的去处，而且不只是这一生而已。

许多宗教都指出，生命的去处，最终就是回到初始的发源处。基督教说，神造世人，人最后要回到神的处所。而佛教主张，佛性本具，人之所以不知，是因为受无明烦恼蒙蔽。所以我们在品德的路上不断自我成长，福慧双修；最后，清明的本性自然浮现，与佛不二。所以是生生世世满怀希望，走回生命的原点。

如果对生命没有这样的认识和信念，即使成年人在重重生活压力的波折下，都难免感到茫然无助，更何况是生命活力无处宣泄的年轻人。茫然无助再加上冲动，导致他们遭遇情感、人际关系或是升学等的压力、挫折时，就有了"死给你看"的冲动。

据我了解，西方现在有一些机构正在研究有宗教信仰与没有宗教信仰的家庭，他们的下一代哪一种比较有安全感。我猜想，应该是有宗教信仰的家庭所教育出来的下一代比较有安全感。自杀的问题相同，有宗教信仰的青年，在面对晦涩的人生际遇时，他会好好思考这个关键点，因为几乎所有的宗教都反对自杀。犹太、基督、

天主教认为，人是神创造的，只有上帝可以收回人的生命，人不可
自己结束生命；而佛教则认为，自杀与杀人都是杀生，所以也反对
自杀。

中年人：逆风起帆，心志不摇

问：青年之后，步入中年，法师觉得这一时期的人生，应该注意什么？

答：就以我自己为例作说明吧！我少年出家，知道佛法的好处，就有振兴佛教的心愿。这个心愿到了中年之后，才得以逐步实现。

问：在此过程中，法师是否曾经与多数人一样，觉得梦想难以实现，或永远达不到？

答：是的，但我从未放弃。

那个时代，社会颇动乱，我见到许多人彷徨无依。"二次大战"结束后，社会渐渐安定，可是我一样看到许多人活得不快乐，我想这是观念问题。佛法可以导正偏差的观念，所以我一直吸收、咀嚼佛法，也不断尝试把自己知道的佛法告诉别人。

这当然要凭借媒体传播的力量，我二十岁就写文章，但影响力很小；到了二十五六岁，几乎觉得没机会了。直到三十岁从军中退伍再度出家，开始编佛教杂志《人生》，接着到高雄美浓山中闭关，在没有电话、电视，甚至没有电灯的寺中禅坐，内省心性，察照自己内心深处的世界，坚定了信愿。同时，书也一本本写成。

那时候我已将近四十岁，海内外邀稿渐多，我的愿望也慢慢实现，但还是很慢。譬如我三十五岁时（1965年）就完成《正信的佛教》一书，第一版只印一千本；十年后，我从日本留学回来，那一千本还没卖完。

当我的师父东初老人圆寂，我再从美国返回承接老人的遗志，弘扬佛法之后，《正信的佛教》就一版一版地印，流通于我国台、香港、大陆及新加坡、越南等地，现在出版量已有两百多万本；而且也慢慢有人真的照我发表的"理念"去行事。依此可见，中壮年的年限很长，从三十到六十五岁，这是人生的黄金岁月，更应当不中断地学习，还要努力充实自己，逐渐地发挥影响力。

在此时期，我离开较单纯的学院环境，进入社会之后，因为因缘具备，很多事情聚集而来。其中有逆缘，有顺缘。重要的是，我绝不因逆缘而放弃。

中年时，我也饱受打击，俗话说：树大招风，当知名度高了，随之而来的非议、责难也愈多。过去，我曾为了佛教正信之辨，与基督徒发生过笔战，那其实是小事，我很感激他们，让我有机会厘清外界对佛教普遍存在的误解。但当批评我的声音来自教内时，冲击更大。当时，我很少有真正的朋友。因为当年我的言论很激烈（关于如何振兴佛教的方法），很多人都觉得受到我的"辱骂"，连我的师父都有这种想法。虽然我自认为是对事不对人，但是没有获得大家的谅解，因为事里有人，人在事中，无法二分的。

那时候压力真的很大。我赴日留学也曾遭受反对，一因我人缘不好，二因有些人推想，我赴东瀛之后必定还俗。

在压力下我没有放弃，还是继续走自己的路。凭借的是什么样的信念呢？就是山不转路转，路不转人转，人不转心转；只要大方向不变，其他的都可以转变。又如，我入山闭关，与蚊子、壁虎为伍，别有趣味。那当中也是有麻烦的，但闭关寻求内心世界清明，并整理佛教经藏，这是我的志愿，也没有任何人要我去。

从这些经验看出，人到中年更需要毅力和恒心。一般人到了这个年纪，既要成家又要立业，上有高堂，下有幼子，压力、诱惑很多；的确要有逆风逆浪的毅力才能够心志不摇，航向目标，贡献社会，甚至领导一群人前行。即使只有一二人，但大家有心一起发挥向上的力量，那也一样有他的影响力。时代从来没有停留过脚步，我们也只有不断地努力，提升自己的智慧，才能引领风潮，改造环境。只求尽心尽力，对现在的社群有益，至于千秋万世之后的事，则不必在意。

又如，我写作的目的不是为了出名，所以当年常用笔名。更不是为了"我想说什么"，而是思考这时代的人想听什么，是否愿意看我的著作等问题。因此，我很讲究表达的技巧，得要用现代人听得懂的语言才行。否则，古代大德对佛法讲解得还不够多、不够好吗？我又何必在字海中再投字进去呢？

况且，我从来不存着自己的书要留给后代的念头，我不考虑五十年后的人是否要看我的文章，我关心的是现代人需要什么。因为后来者自然有不同于我们现在的语汇和需要，也自然有人会去满足新的需求，不必是我。

总之，在中年时期，为立业做准备、打根基，以及冲刺的时候，我还是一句老话，要有奉献的心，不要老算计名利，那会惹来许多的烦恼。但如果多做奉献，到某个程度，名利会自然跟着来的。

问：法师刚提到年少时编织梦想，步入黄金岁月时就发挥逆浪行舟的毅力，充实自己迈向目标。这种带着英雄及戏剧性色彩的人生，的确是二十岁上下的人所企盼的。但是，大部分的人到了中年，恍然清醒，发现自己只是芸芸众生中的路人甲、路人乙，上班、下班而已，往往在心理上需要一番调适。究竟中年人该怎么接受自己的平凡呢？

答：俗话说，儿童是国家未来的主人翁。主人翁是指每个人都可以当领袖，或成为社会上左右时局的风云人物吗？当然不是。

成为社会乃至全世界的主人翁，这句话的真谛是：在民主的环境中，每个人都有一份奉献自己的机会和力量。国家、社会都是抽象的名词，事实上，它是由每一个个人的表现聚合而成的综合体。

我常以手表来比喻这件事，手表要运作得好，它所有的零件，不管是大中小齿轮、螺丝、指针都必须通力合作地运转，少一个都不行，彼此都有密切的关系。现实世界里，不同的社会有不同的运作模式，有的是由一个大齿轮来带动，有的则是由三两个中齿轮组成核心。看起来好像当大齿轮的比较风光，但是，手表里面全是大齿轮，这样行得通吗？

所以，如果国家有进步，所有克尽己力并扮演好自己角色的人都有功劳；反过来，社会有缺点，不要光指责别人，也应该自省有无失责。

青年朋友编织彩色的梦，那是好事，也很自然；但随着光阴流逝，也许到了中年，发现自己的机遇、各方面条件不允许，无法实现梦想，即使如此，也不必为此感到悲哀。我们观察一下，周遭的人是不是仍然有类似的梦想？而再下一代的年轻人是不是也有同样的梦想？如果这个梦有追求的价值，那么一定不断会有人前仆后继去努力和尝试。有一天，梦想、抱负真的实现，那么成功何必在我？由别人完成，不也很好？人类历史上许多划时代的制度、科技，不都是许多人献身研究，经年累月堆砌成绩，最后才由少数人完成。因此，凡是在这漫长过程中努力过的人，都不是平庸的失败者。

而一个人做梦，不如大家一起共同做梦美满。

古代儒者对人的道德要求很高，希望君子（读书人、知识分子）都能三十而立，立什么？立功、立德、立言。到了现代，"三立"应有不一样的解释，因为教育普及了，过去受教育是少数精英的权利，他们都准备要当官，所以道德诉求很高。现在人人平等，不必把三不朽的格言想得那么伟大、高不可攀。

依我看，尽己之力，就是立功；与人和平相处，就是立德；说话算话，用真诚心讲话，就是立言。

老年人：服务人群，分享经验

问：老年时又该如何把握这段岁月？

我有个亲戚曾告诉我一个很有趣的故事，他住在一个老社区已有四十年，所以街坊老人邻居很多。其中有一位老先生每天清晨三四点就到公园散步；七点回家吃早餐休息，又出来走走；中午太阳大，再回家用饭休息；到了黄昏还是在公园散步，直到天黑。日复一日，除了三餐，老先生的一天，全花在走路运动上。我这位亲戚感慨良多地说，许多老人只想健康地活久一点，他可不想这样。

法师认为老年生活怎么安排才好？

答：我常笑说："夕阳无限好，不是近黄昏；前程美似锦，旭日又东升。"有宗教信仰和没宗教信仰的人，到了老年，生活差异就很大。有人可以重新展开第二春，或在心理上已准备好死亡及死后的重生；有人则愈老愈勤于求神问卜，不知未来在哪里？

老来多照顾自己的身体是应该的，但把它当成生命的全部未免有点可惜。现代人平均寿命逐年延长；老年人虽然体力、心力慢慢损耗，但由于经验丰富、资源颇多，在条件许可的情况下，是可以再创事业的。然而，老年人比较患得患失，禁不起大幅度的失落。青年及中年时冲劲十足，对于人生的起伏及落差，多不以为意；但老年时，对这种大变动的承受力比较差，因为精力已衰退，大不如从前了。

不过，老年的人生像黄金般的莲花，必须尽力维护。不论从事宗教公益义工，或上空中大学（远程教育）、社区大学继续进修，都是很有意义的事，可以扩增生命的活力。

以我个人而言，真正开始弘法是五十岁以后的事；对社会的影响力，则是在六十岁建立法鼓山之后才更彰显。我和弟子们开玩笑，如果我在六十岁之前死了，就没有法鼓山的志业了。

很多人认为青壮年耕耘，晚年是收成、享福的时候。话虽如此，但人老了是否还要收成名利、地位、权势？不是的。应该是将你耕耘的结果广布于社会，与人分享。其实从小到大到老，我们都是一路学习，同时也一路在收成。所以，晚年时应该将你此生的经验、资源奉献给社会及其他人，让下一代有机会发挥才是。

Chapter 4
命运的真谛

命理专家不能解释生命的源头，其实，它是一个使命。从佛法来说，每个人来到这个世上，都带着一个使命，你这一生就是要去实现这个。

生命的源头即是命理

问：趋吉避凶是人的本能，因此几千年来，东西方的命相占星术，历久不衰。在台湾，许多人在选择职业、婚姻对象、阳宅、阴宅，甚至姓名、理财，都会受命相、地理风水的左右，不但影响个人日常行事，也进一步影响个人对自己生命的认知。

法师曾在《法鼓钟声》一书中提到"天有天理，地有地理，人有命理"，这里所指的命理是什么？跟时下一般用来预测未来的方术，是同一件事吗？

答：我所说的命理，是包含生命的源头、过程和结果，而这个结果本身，又会成为下一个源头，展开另一个过程，再得一个结果，如此因与果循环不已。

命理的推展，需要配合天干、地支，才能推算一个人大致的状况，以及一些生命的特质。这也意味着，人的命理与天地（自然）相呼应，息息相关；所以，命理之中有天理、有地理，是在特定时、空环境中运作的。既然是在一定时间、空间中互相牵引，就有各式各样的元素彼此配合，形成一种能量。

具体而言，纵使同父同母所生的兄弟姐妹，因为出生的时间不同，他们的性情、潜能就各有差别，甚至南辕北辙，而同年同月同日同时生的人，因为父母的遗传及地点环境不同，资质也互有高低，不能一概而论。在这些力量交互作用下，一个人生命的基础、一生的过程，大致上在出生时已经决定了。

后天的环境、作为，当然会改变一个人身体健康、心理状态、潜能与智能发展的程度，因而渐渐地改变了原先的命运。俗话说"小时一看，到老一半"，话虽可信，却又不能尽信。

我自己就是个很好的例子，许多人一看我这样子，都会认为这个孩子将来是没有办法了。一直到我成人了，在成长过程中，看好我的人很少很少，到了三十几岁还是如此。要是有人看好我是个可造之材，就会投资我，但我一生几乎没有多少人主动栽培，大概他们都不认为我能做出什么事业。我目前的一番作为，是出乎很多人意料之外的。所以，人一出生，大部分的事虽然已经决定了，但还是有努力的空间。

问：为什么一出生就"大势底定"了呢？

答：这跟出生的时间、空间的气有关，它代表着你出生时在宇宙间吸收到多少能量，文天祥在《正气歌》一文中说到："天地有正气，杂然赋流形。下则为河岳，上则为日星。"所以，一般算命的人，不但需要生辰八字资料，通常还要问生于何处。

除此之外，还要配上源头的因素，这个源头是过去世带来的福报或业障。由于人人都不知道自己出生时带来什么样的福报、业障，所以只好叫它"命运"。

社会上帮人算命问前程、占卜吉凶的方法，真是五花八门，大致上可分为面相、手相、骨相、紫微斗数等，这些统称为命理学。

这些术数,不完全是无稽之谈,他们能经过几千年的变革,至今仍盛行于民间,有它一定的道理。但我们往往可以发现,任何术数占卜过去发生过的事,准确度都很高,但预测未来则不一定准确。这说明人的未来掌握在自己手里,人是可以努力改造自身运程的。

为什么看过去比较准确呢?因为过去发生过的事会对我们的身心造成影响,并且呈现在我们的的外相和气色、气质上。俗话说"相由心生",因此有些人批命,他凭借的不只是生辰八字等资料而已,敏锐的人还可以感受到你身上散发出来的气,再参考生辰八字中透露出来的特色,跟你讲几句话,察言观色一番,就可以推敲出一些线索了。

人总是"穷算命,富烧香",但穷不一定指金钱上的不足,它泛称资源上的匮乏、心灵的困顿,和生命历程中的挫折坎坷,这些都是穷。在这种处境中的人,有种种的疑惑,就会想算命以了解原因。富烧香则是还愿的心情,到庙里烧香以感谢神明的保佑。通常一帆风顺的人不会想算命,因为他们太有自信了。

我自己也有两次去算命的经验,第一次就是因为遇到"穷"的情境。

当时我还不到三十岁,仍在军中当通讯兵,身体又不好,想退伍却又退不成,所以感到前途茫茫,心情非常苦闷。

有一天,我与一位居士聊起这个困局,恰巧被一位法师听到了,就建议我去找一位很有名气的袁先生算命。我回答说,那个人那么出名,让他算命还要预约挂号,费用太高,我付不起。那位法师说,他可以帮我付钱,要了我的生辰八字,用通信的方法帮我算命。

袁先生的回信中,批了我的流年,讲过去的都很准,而他则说我是出家人的命，将来会成为一位有影响力的法师。他还说我活不过六十五岁，而且我的人生走到六十三岁就已经到了尽头，劝我到此需要隐退，否则会折寿，活不到六十五岁。

过了几年，从军中退伍后，我二度出家。有一个机会，我们共有五位法师一起去找一位韩先生，他是一位专门研究指纹的专家，研究命理是他的业余嗜好。

那时候我还是没钱，其中有一位法师帮我付账。韩先生看了我们五个人，他嘱咐其中一人小心日后将有麻烦。后来，这位法师果然早逝。韩先生说另一位法师有前途，这位法师后来果真很有作为。

至于我，他看我的手相很久，之后说道，我的掌纹很奇怪、很少见，并说我只能活到五十几岁。（法师伸出他的左手，一边指画一边说）我这条生命线本来中断，后来又不知不觉连接在一起。我有断掌，但断的方式和别人不一样，一般人是智慧线、感情线呈一直线。我是感情线弯一个角度，才跟智慧线相连。韩先生还看我的婚姻线，说我应该有三个太太，而我却出家，也幸好我已出家，不然可麻烦了。他还问我们，是真的出家人吗？还是化妆来找他开玩笑的？

这位韩先生虽然断言我会死于五十多岁，但研究半天却也看出一点希望，因为他说我的掌纹中，有许多由大小线交叉而成的"星丘"，这代表有一些可能性，不一定好，也不一定坏，只是个机会。

十多年前，我的一个在家弟子也研究些紫微斗数，他非常热心，执意要帮我算命。他说："师父，给我算一算，在好处的。"我就给他生辰八字，他排过命盘之后告诉我，什么时候犯水，哪一年房子有火灾，又什么时候会犯风……我都不去理会，这位居士也说我只能活到六十多岁。

改造命运有良方

命理专家不能解释生命的源头，其实，它是一个使命。从佛法来说，每个人来到这个世上，都带着一个使命，你这一生就是要去实现这个。

可见，人虽有命理，但命理学却不见得可靠，得看你的恒心和毅力。恒心、毅力表现在哪里呢？表现在"富贵不能淫，贫贱不能移"。大富大贵时，不骄奢淫逸；贫贱时也不灰心丧志，不论处境如何，都坚持下去，不断地学习、奉献。时过境迁，富贵贫贱也都有结束的时候，如果你心志坚定，那么命理对你也莫可奈何，因为它操纵不了你。这就是改造命运的好方法。

人一出世，源头虽已确定；但在人生过程中，每个当下，不管大小，你都会有收获。因此我们虽不能改变已经确定的源头，却可以改变过程中的结果，每播下一粒新的生命种子，将来便有个新的、好的生命源头。好比我们今天做的事（因），就成了明天的源头（果）；有时候，结果不会那么快来，有的因果却可能很快就成熟而呈现出来。假设我今天胡说一句话，报纸刊登出来，那我马上有不好的结果和影响到未来的源头；但今天做了一件好事，却不一定在明天就享受到好果实。但是我相信这个好的结果会持续累积，甚至到死后的未来，它总是会在我的有生之年中呈现。

源头，是命理中很重要的一环，但是一般命理学者却极少考虑到这个重要的因素，反而将注意的焦点放在一个人生命的过程。他们可以告诉你，你的人格特质、家庭背景、未来运势，等等，却无法告诉你，为什么你会有这些特质？为什么你会生在富贵之门或贫穷人家？命理专家不能解释生命的源头，其实，它是一个使命。从佛法来说，每个人来到这个世上，都带着一个使命，你这一生就是要去实现这个使命。

问：为什么出家人都成为法师了，还要去算命呢？

答：那时纯粹是好玩而已。

问：一般人在人生的十字路口，或因好奇，也可以去算命吗？

答：还是少算为妙，不算最好。

先说一件有趣的事，命理专家也不见得算得出自己的命。

替我算过命的那位袁先生，他有一笔钱。在早年国民党迁台的时候，银行制度尚未步上轨道，利息也低，他就把这笔钱放在一个同乡的老和尚那里，托老和尚帮忙，借给需要钱的信众，替袁先生收较好的利息。

过了一两年，袁先生收不到半分利息，连只字片语也没有。他急着跑去问老和尚，那笔钱利息状况怎么样？

老和尚反问："你有钱放在我这里吗？我拿你的钱做什么？我收人家钱，那都是信徒布施的。"

"唉呀！你怎么忘了，我真有笔钱寄放在你这里。"

"有收据吗？"

"我们这么多年交情，我信任你呀，你又是个法师，不会骗我的。你糊涂了。"

"那么一大笔钱，我要是真收下，怎么会忘呢？我真没拿你的钱，所以如果你说出去，别人也不信。"

后来，袁先生还是到处说老和尚吞了他的钱。有一次，两人再见面，老和尚说："你不是精于算命吗？怎么算不出来自己会破财呢？你不要再张扬这件事了，否则别人会认为你的招牌不灵了。"

那一年中秋，老和尚拿着一盒月饼去看袁先生，希望他消消气。老和尚离去之后，袁先生难消心中气愤，拿起那盒月饼往地上砸，想不到砸出一堆钞票，他恍然大悟，才知道自己失礼，于是赶紧向老和尚道歉。

连命理专家都算不出自己要受此大玩笑，平常人何须算命？即使遭遇困难，也不必去算命，主要有两个原因。首先，你很难知道命相师的为人如何，遇到品德高尚的命相师，他会鼓励人要多积德、行善、充实自己，才能改变命运；如果遇到品德不好的命相师，他就叫你花钱改运。然而，命中的因果业报，岂是给钱改运就可改变？再者，你也不知道他是否准确，若是不准固然冤枉，就算准确又如何？是福不是祸，是祸也躲不过。

有一回我走在路上，旁人提醒我"小心"，我心里也自忖要小心，才有这个念头，不知怎地，刹那间就摔了个跟斗。又如我上楼梯时，一定小心扶着扶手，但有一次脚踩住自己的僧袍边襟，不小心跪跌了一下。又有一次我在路上见到对面驶来一辆机车，我连忙小心地闪到路边，但还是被撞着左手，不仅手表及袖子破裂，还要被骂："瞎了眼啦！你找死嘛！"算命的相士要你何年何月防水、防火、防盗、防血光、防破财，但这些凶险之事难道平常就不必防范吗？那是天天要防，防不胜防的。

还有，过于依赖这种方术想趋吉避凶，做什么事都要看日子、对方位，结果弄得自己紧张兮兮、疑神疑鬼，连带也给身边亲朋造成不便，人际关系也就容易不和谐，实在是未蒙其利，先受其害。所以，时时小心是应该，因担心而算命则不必。

不过命相不是一无可取，有些人知命之后，反而因为认命，心里比较安定，知道一些人间常企盼的功名利禄今生没份，那就安分守己，不作非分之想，这也算是心理治疗的正面功能。但是有些不得志的人，如果完全依靠算命，恐怕有了机会，也不敢尝试了！

问：这种事也很吊诡。譬如有一本小说，书中女主角做人家的小老婆，她去算命，命相师说她就是这个命，她也就真的认命了。这也叫作算命的正面影响吗？而且我知道许多外遇事件的女性第三者，都有类似的经验。

答：这就要看命相师的道德了。

有道德的命相家，看到女性有这种可能，他不会说破；在事实未发生前，他会叮咛女方要多读书，增长智慧，感情的事不可太冲动，等等，不会"铁口直断"对方会当小老婆。但是如果事情已经发生，那命相家说了无碍。在我看来，很多人愿意当小老婆，是源头带来的，她明知不能登堂入室受人祝福，还是去做小老婆，那真像小青蛙碰到蛇，终究逃不过。除非当事人有了宗教信仰，理性转强，依靠自己的心力加以改变。

问：算命是不是迷信呢？崇尚科学的人认为那是没有科学依据的，但命理界则说命理是一种统计学，很合乎科学。法师怎么看待此事？

答：我不能说那是纯迷信，它有它的道理，我们承认命理的存在，但不可以事事迁就它。

迷信与正信

问：那么迷信与正信的分别在哪里？

答：大体面言，全世界信仰宗教的人，不论他信仰天主、基督或佛教，如果只停留在"信"的阶段，而不去理解和实践，那么都不能算是正信；因为"信"的基础有的时候是非理性的，不需要什么理由，因此也就很容易掉入迷信的陷阱。

以基督教来说，他们讲"信、望、爱"，信上帝是希望上帝垂爱世人；由于希望得到上帝的爱，世人也就应该学习他，先去爱人。

更深一层解析，信仰很深的基督教徒，把一生所有的遭遇，不论是逆境或顺境，看作是上帝的恩典、赐予；把挫折、困难和福分都视为磨炼的机会，这是非常不容易的事。最后，因为上帝有爱，人一如上帝去爱他人，终得上天国，回到神的国度。

这样的信仰逻辑和行为，的确经过了神学、理论方面的辩证，但是一般基督教徒大多只停留在"信"的层次，虽然他们也"望"，希望上帝赐给他们恩典，所以不断祷告，但不容易体验到，即使遭逢逆境，也是上帝恩典的另一种表现。

就佛教面言，在中国社会里，由于其他民间信仰不断掺杂，情况比较复杂。我把这个混杂的民间信仰现象分为几个层次来分析：

一、急诊式：临时遇到困难、问题，找不到办法解决，才想到求神祈佛。

二、贿赂式及投资式：信教者心中带着回收的预期，希望这辈子或下辈子生长在好的家庭，或好的环境，以享受福报。

三、证人式：以宗教信仰当名牌、通行证，证明自己是好人；或对着神明向他人发誓，证明自己是无辜的。

四、健身房式：用气功、养生术等包装宗教。

五、经验式：这种宗教信仰强调神秘、灵异的经验，着重于神通力和感应。很多人用祷告、打坐、持咒、诵经、加持的方法，以获得这样的神秘经验为满足。

六、学问式：把宗教当作一门学问或哲学来研究，宗教的论理吸引他，或者出于好奇，而成为宗教学专家。但他们的思想言论是一套，立身处世的行为又是一套，言、行未必合一。

七、爱与施：这是比较高的信仰层次，信徒能以爱和布施来身体力行宗教教义。施是为了慈悲的爱，不为求取名利等的回馈。

最后，是超越式的宗教信仰，它是无我、无执著的，不以自我为中心的信仰，以"空观"、"中观"来体验空性的智慧，实践无缘慈悲的佛法。

因此，健康的宗教，必须能在日常生活中把理论（教义）和实践结合为一体。也就是说，生活中的每一个当下，都可以不受诱惑、刺激，因而不起烦恼。例如，自己有能力布施、付出爱，于是去做；

既不是为了求得福报，甚至也不"想"着自己是在布施、做好事。这是三轮体空的精神！没有布施的人，也没有被布施的对象和所布施的东西。

除了超越式、爱和施舍式的宗教信仰，也不能说其他六种信仰层次完全没有好处。许多人透过练功、膜拜、上香祝祷等仪轨，心理上就有安全感，因为借着这些仪式，他们认为可以得到"保佑"；即使所求之事不应验，他们也会自我安慰，认为大概自己福报不够，所以有麻烦时神明也帮不上忙。

譬如，我就注意到，一些进香的游览车，偶尔也会发生车祸，但是没有信徒会怪妈祖、王爷不灵验，他们每年还是照样前往祖庙。

而宗教的神秘经验，同样也有加强的效果，可以提升对宗教的信心。不论是增强心里的安全感，或者兼顾对宗教的信心，都有好处。我们现在所提倡的是，把信仰的层次，从这些层面再往上提升，使得由信仰所得到的信念，能与生活结合，进而产生净化生命的力量。

受报与祈求

问：法师先前提到，源头带来的的业报（有好有坏），很难改变，所以不需在人生波折起伏时，寄望能通过花钱改运的门道。但是，我读过一本《十大弟子传》，介绍释迦牟尼佛住世时，座下十个大弟子的种种事迹。其中，神通力第一的目犍连尊者，被外道害死，佛陀弟子不忍又不可置信地问佛陀，目犍连为什么不用他的神通力躲过灾厄？佛陀回答，那是因为目犍连前世的业报，应该要受此横逆而死。

但另外一个阿难尊者，有一天见到鬼像现前预报他将死的讯息，阿难大惊而问佛陀该怎么办？佛陀教他一心持诵阿弥陀佛的圣号，经过好几天，终于得到阿弥陀佛的慈悲，延长他的寿命。为什么同样有业报，但有的可以求，有的不能求？

答：阿难尊者这样的故事我不清楚。

问：或者以持诵观世音菩萨的圣号为例。根据《普门品》的记载，人若遇兵、刀、盗、水、火、风等劫难，只要一心诵观世音菩萨的圣号，他就会闻声前来解危。许多法师在解说《普门品》时，也会举一些实例来印证。这不也算是"求"消业障吗?

答:佛教所有的经典,大致可以分为两大类,一类是原始的经典,这些经典比较忠于释迦牟尼佛的说法,是弟子听闻佛说的法义后所记载,这些主要以《阿含经》和《律藏》为代表;这些经典中的确有少许篇章论及神通,却很少讲感应之事。另一类经典,以大乘经典为代表,例如《地藏菩萨本愿经》、《法华经》等,就提到很多感应神通的事迹。

愈是原始的经典,愈贴近人性,多以人的本位为出发点,谈人及人生各个层面的问题,思考日常中如何以智慧解决困难,乃至如何能不失烦恼,如何以慈悲面对众生,不起分别。这两个原则,充满在佛陀的教诲中,如何改善你的命运,经典也有记载,你遭遇到什么样的厄运,佛陀也会告诉你为什么,能够改善;不能改善的,逃也不是办法,就勇敢接受它(处理它,再放下它)。偶尔,佛陀也会提到神通,可是不能流于蛮横式的,例如打人一拳,还不准别人还手。

在社会上,总会碰到不顺心、不顺眼的人与事,这是过去世与对方没有结好缘,今生的功课,就是结束这个缘,不可以冤冤相报,没完没了。所以,如果能让对方宽心,不打你、害你,这非常好,但如果对方不能原谅你,有时业力太强,以致他无法原谅你,那就只好坦然接受;一旦接受以后,就等于结清过去所积欠的旧账了。

目犍连是被鹿杖外道打死的,这些人的法器是镶着鹿角的杖棍。目犍连神通之大,十大弟子中排第一。当年,邻国要攻打佛陀的母国释迦族,佛陀坐在要道上三次,劝退来军,但仍然阻止不了战争。目犍连不相信事不可为,用神通力把释迦族中上百位善男子、善女子，装在一个大钵内，他以为可以保住这些人的性命，但当战争结束后，他打开钵盖子，赫然发现钵内那人都已化为血水。

有这么大神通的目犍连，面对自己的业报，也只有坦然接受，而不再施展神通逃避。因此，佛教原始教养比较倾向劝人面对业报、接受业报。

佛教经典到了大乘时期，提出不同的解释，其中强调的是佛菩萨的慈悲誓愿；所以当人遭遇灾厄危难时，可以借用佛菩萨的力量救济，暂时缓一缓，待将来精进修行之后，要做大佛事、大救济，而且自己也还要受报。甚至有说"罪性本空由心造，心若灭时罪亦亡"。唯其根本的原则是"定业不可转"，造业需要受报。例如，佛陀即使成佛后，还是有背痛、挨饿、受人诽谤，又如佛陀被提婆达多陷害，以致脚受石头砸而出血。虽然成佛，但仍免不了前生之业报，这些受报都有它的原因，也得坦然接受。

原始佛教经典与大乘经典在这方面会有不同的出发点，关键在于原始经典认为得大解说，在此生都得了结。但大乘佛教认为，即使证得解说，出于度世的慈悲誓愿，还是会一生一生再来的，所以可以慢慢受果报，解脱后再补偿。

问：听起来，法师似乎比较倾向原始教义，鼓励人面对业报时，要勇敢承受，而非求受业报。

答：我两种都采行。虽然我有时也祈求观世音菩萨，基本上我是倾向原始教义；但对于一般大众，若是遇上大难关，真是熬不过去、撑不住，我也会请他们祈求观世音菩萨，让内心有个依靠。看状况而定，不是绝对一成不变。

Chapter 5

找回真正的自我

　　在谈生涯规划的时候，我也经常提供给大家两个原则：第一要有"方向感"，第二要有"立足点"。立足点与方向感是相辅相成的。一个人如果没有立足点，就没有着力处，就像是没有锚的船；如果少了方向感，就像是行船在大海中，没有指南针指引方向，很容易走入歧途，非常危险。

找回真正的自我

　　相信没有人会承认自己不知道自己是谁。你一定会说："我就是我啊。"但是你可曾想过，我们所认为的"我"，或者"自我"究竟是什么？你可能因为从小到现在，大家都叫你这个名字，你也已经听惯了，就觉得这个名字就是我，我就是这个名字。

　　你也可能会认为："我的身体是我，我的家是我，我的思想是我，我的能力是我，我的财产是我，还有我的太太，我的先生，我的孩子，都是我的。"但是在这些话里，出现的只有"我的……"、"我的……"，就是没有说出究竟什么是"我"。

　　例如：这是谁的身体？是"我的"身体。谁的思想？是"我的"思想。谁的观念？是"我的"观念。谁的判断？是"我的"判断。谁的钞票？是"我的"钞票。都是"我的……"、"我的……"

　　那么，"我"到底是什么呢？

　　事实上并没有一个真正的"我"！

　　事实上，我们根本不知道自己是谁，因为从小就被各种外在的价值观念所占有，被物质的环境牵着鼻子走，成为外在环境的奴隶而不自知。为了我的身体、我的财产、我的家人、我的……又哭又笑、又欢喜又懊恼，全都是为了"我的"，没有一样事情是为了"我"。这是多么愚蠢呀！

仔细想想，我们刚出生时，头脑中本来没有知识、学问，也没有记忆，但是随着后天的学习，渐渐地会辨别事物的名称、形象以及数量的多少了。然后又进一步做出诸如——"这对我有没有好处？对我好不好？""谁是爱我的？谁是不爱我的？""我喜欢什么？不喜欢什么？"等价值判断。而且在长期社会化的过程中，为了让周遭的人所接纳，也渐渐学会了磨灭自己真正的声音，掩饰自己真正的感情。

于是，口是心非久了，连自己真实的感觉都无法体会了，也失去了辨别事物真相的能力。身心往往处在无法主宰、无法掌控的情况之下。

真正的自我，应该是能够主宰自己，能够差遣、调配、控制自己的身心活动，自己能够做得了主，这个才是自我。应该要向东走，就不会往西去；能够主宰自己的双手去救人、助人，而不是杀人、不是打人；也能够主宰自己的心，让它生起惭愧心、谦虚心，而不是骄傲心、自大心。

可是我们往往易受环境影响而转变，随着环境转变而动摇，以佛教的说法，那是随"业力"而转。"业力"，简单地说，就是过去的无量世，一生一生所做的一切善、恶，在现世得到的一切结果。

我相信任何人都不希望自己变成环境的附属品，都希望做一个能够主宰自己的人——也就是不要随着业力而转。这就要靠愿心和

愿力来转变；否则只有随波逐流，随着环境的"风"在转，随着别
人的脚步起舞，成为环境的附属品，而不是转变环境的人。

尽心尽力做自己能做的，学自己应该学的，承担自己应该承担
的，尽量付出，从中不断修正自己，这就是找回自我最好的方法。

希望大家，也祝福大家：能够找回自己。

不再空虚无奈

现在大部分人的生活，几乎就是日复一日地上班、下班，好像没有什么重心可言，内心常感觉到空洞无聊，即使是看电影、唱KTV、打保龄球、登山、旅游，有这种种休闲活动和娱乐，仍然没有办法弥补内心的空虚，也不知道该用什么方式来解决。

现代人的情况如此，古代人也差不多，我相信未来的人也会有这种情况。可以说这种空虚感，是任何一个时代的人都有的。为什么会空虚？什么叫作空虚？

当一个人不知道自己生存在这个世界上的目的是什么的时候，就会感到空虚。很多人日子一天一天过，好像就是为了把肚皮喂饱，让身体有地方住，满足了衣食住行所需，就觉得够了。仿佛"开门七件事"，就是我们生活的全部。

可是当饭吃饱了，衣服有得穿，房子有得住，也有自己的车子了，日子过得虽然不是最好，但还过得去的时候，就开始思索人生究竟还有什么呢？如果找不到方向和目标，心中茫茫然，空虚感就会出现了。

空虚的原因，往往是无聊和无奈，像一条在茫茫大海里的船一样，没有尽头也没有方向，又没有大风大浪的刺激，好像随便往哪边行驶都一样，即使不动也无所谓。只是，不动时好像没事可做，动了又觉得不是自己的方向而感到无聊，最后陷入一种茫茫然的空虚感当中。有这种空虚感的时候，无论是打保龄球、看电影、喝酒、去卡拉 OK、看 MTV 等，各种各样刺激性的娱乐，都不可能给你一种真正落实的安慰感，不过是暂时麻醉了你、刺激了你，让你的感觉因忙着一件事情而产生移情作用。一旦时间过了，空虚感又会回来，实际上内心永远是空虚的。

另外一种情况是，当想求的求不到，希望获得的得不到，一次一次地落空；想要努力又努力不上去，想要往上爬也爬不上去，日子就会过得非常无奈、难过。

曾有人跟我学佛，一开始就说："师父，我要修行。"

我说："好呀，你打算怎么修行？"

他说："我要出家。"

我说："好呀，让你出家。"

出了家以后，他天天希望受戒。于是，我就让他去受戒。受了戒以后，他又天天希望开悟。偏偏开悟这件事，不容易如其所愿。结果，有一天他对我说："师父，我想我不适合出家，也不适合修行。我觉得很无聊，一天到晚，一天一天地过。我是在家人的时候，也是过日子；出了家以后，也是这么过日子。还是一样吃饭、睡觉、上厕所。我现在觉得很无聊，我想我不适合出家，还是回家好了。"

这种人的空虚、无聊，就在于他不断追求一个比现在更好的东西，可是追求是没有止境的，因为永远都有更好的东西在前面。只有追求到最后进了棺材，才会告一段落，因为再也没有机会了。即使是这样，临到死的时候，他还是会觉得空虚，因为："要的东西还没有追求到，怎么就要死了?"

以我个人来说，身为一个学佛的人，我觉得人生非常充实，非常踏实。为什么? 因为我知道我现在所作所为的目的是什么，也知道我现在接受的一切是为了什么——这都是因果而来的：现在所得，过去所造；未来所得，现在所做。现在我得到的就是过去的因果，而我现在的所作所为，我的努力，都是为了准备好我未来的方向。

一个人的生命没有目的，欠缺意义，生活便会显得十分空虚，甚至像行尸走肉一般。我曾经说过，人生的目的是来受报、还愿的，人生的意义和价值，则是在于奉献，自利利人、成己成人、增长福慧。

如果真有这样的体会和这样的实践，你的生活或生命，一定不会是空虚无奈的了!

圆满的生涯规划

"生涯规划"这个说法，现在相当流行，不过一般人所说的生涯规划，都只着重从生到死的这一段过程，仅就个人有限生命来做规划，对于如何达到生命的究竟圆满，就不在规划的范围之内了。从佛法的角度来看，所谓的生涯还不仅仅是我们这一生从生到死短暂的过程，而是延续到永恒的、无限无穷的生命过程。

而且，大部分人的生涯规划都太偏重外在价值，只是在知识和工作的层面上打转。正确的生涯规划应该从内在的反省做起，规划整个生命的品质，找到人生的平衡点，这才是圆满的人生规划。

也就是说，真正的生涯规划应该包括"有形"和"无形"两种。有形的是外在的、物质的、生活形态的规划，无形的则是生命内在的、涵养的成长，也就是我们的人格、人品的成长。把外在的和内在的规划联合起来，才是我们这一生的生涯规划。

在谈生涯规划的时候，我也经常提供给大家两个原则：第一要有"方向感"，第二要有"立足点"。立足点与方向感是相辅相成的。一个人如果没有立足点，就没有着力处，就像是没有锚的船；如果少了方向感，就像是行船在大海中，没有指南针指引方向，很容易走入歧途，非常危险。

此外，从懂事开始，我们就应该有生涯规划。所谓懂事，不是以年龄为准，而是以人的心理和生理成长为标准的。也就是说，当我们身心到达成熟的时候，就应该开始为自己的生涯做规划。

孔子说："吾十有五而志于学，三十而立，四十而不惑，五十而知天命，六十而耳顺，七十而从心所欲，不逾矩。"孔子讲这些话的时候，已经是成熟的大思想家了。一般十几岁的青少年，并不懂得什么叫生涯，人生的方向也还不清楚，更遑论规划了。这时候，需要靠父母、学校、社会以及各种媒体，教导青少年为自己的未来做规划，告诉他们该如何来因应未来的世界。

帮助青少年规划生涯，是要引导出他们的方向，所以在教育制度上，也应该依照每个孩子的智能、性向与性格的发展，让他们了解自己的天份和天资，并依着自己所具备的条件去发展，进一步帮助他们建立正确的人生观。譬如说：小孩子喜欢画画，就让他朝绘画方面发展；喜欢音乐的孩子，就朝歌唱或弹奏乐器发展；喜欢写作的，就让他朝文学方面发展。

至于成年人做生涯规划，情形也是一样的。一方面要了解自己的内在才能，另一方面也要了解自己的外在资源。一旦清楚自己的才能倾向，以及外在资源的多寡，就能找到人生的方向，做好生涯的规划。

　　当然，每个人的体能、智能不同，环境、教育条件不一样，所以并不是在什么年龄，就一定得要做什么，生涯规划也不一定要跟别人一样，但是至少一定要有方向感，这样才会知道自己努力的方向，未来要往哪里去。

人生的目的、意义、价值

在汲汲营营、忙忙碌碌的生活中，你可曾想过人生在世的意义和价值究竟是什么？是来吃饭的？穿衣服的？还是来赚钱、求名、与人争斗的？

很多人就是在贪生怕死、贪名求利、你争我夺中，一天一天过下去的。看到大家要的我也要，大家不要的我也不要。以为很多人都要的，那就一定是好的，所以抢着要，但是从来不去思考，自己是不是真的需要。反正大家都要的我就要，大家都不要的就立刻把它丢掉，因为既然大家都不要，我还要它做什么？

就像蚂蚁一样，通常只要一只蚂蚁嗅到了有味道的东西，其他的蚂蚁统统都会围过去。可是这不是人的行径。人应该有"我要的不一定是人家要的，人家要的不一定是我要的"这样的观念，这才是真正独立的人格。可是，一般人多半喜欢跟着别人起哄，这是很悲哀的一种现象。

一个人如果活着而没有目的，一定会非常空虚，觉得生命没有价值，像行尸走肉一般，那又何必活受罪？不仅生存本身变成多余的，而且也白白浪费世界许多资源。

但是生命一定有它的原因，也一定代表某些意义。它的目的是什么？最后会到哪儿去？又会成为什么呢？

以佛教的观点来看，人生的目的，凡夫是来受报还债，佛菩萨则是来还愿。如果知道人身难得，能够知善知恶、为善去恶，人生就有了意义；如果又能进一步积极奉献、自利利人，这就是人生的价值。

所谓"受报"指的是：我们必须要为我们所造的、所做的、所想的、所说的行为负责任。我们的生命，无非是自作自受；过去世造的因，以及这一生的善行、恶行，结合成现在这样一个人生，便是生命之所以存在的原因。

但是，仅以一生短暂的时间来看，很多现象看似不公平，也没有办法解释。譬如，有的人在这一生非常努力，但就是不成功；有的人并没有怎么努力，却一帆风顺，左右逢源。表面上看起来很不公平，其实这要追溯到过去世，以及一世一世、无量的过去世之中，我们曾经所造的种种行为，尚未受报的就可能在这一生中受报，也可能在未来生才受报。而我们所做的种种行为，有好的，也有坏的，造好的业受福报，造恶的业就要受苦报。

至于人生的价值是什么？很多人认为人生的价值就是有钱、有地位、有名望、让人家看得起。譬如，在外面做了官，衣锦还乡，让家乡的亲人、邻居、朋友都风光一下，不但表现了你的个人价值，地方上也因你而有了光彩。但这是不是真正的价值呢？

真正的价值应该不在于显耀家族的虚荣，而是在于你所做的实质贡献。如果你是投机取巧、巧取豪夺而得到的名利权势，即使一时间很风光，也没有真正的价值可言。因为这个价值是负面的，造的是恶业，将来是要受报偿还的。

因此我们可以说：有多少奉献就有多少价值。比方说，我这个人有什么价值？我在这一段时间里为大家说佛法，这就是我的价值。如果这一段时间中，我在睡觉、吃饭和同人家吵架，那就没有价值了。人生的价值必须建立在对人有益，而且对自己的成长也有帮助上。

虽然我们凡夫是来受报还债的，但是也不妨学习佛菩萨的精神，为自己的人生发一个愿。这个愿可大可小，可以小到只是许愿："我这一生之中要做个好人。"许愿自己在这一生中，不做坏事、不偷懒、不投机取巧，尽心、尽力、尽自己的责任。即使这一生做不好也没有关系，因为还有来生可以努力。这样的人生，就是有价值、有意义，而且充满希望的。

享受人生，珍惜人生

许多人认为享受人生就是吃、喝、玩、乐，如果真的是这样，那么所有的动物也都会吃、喝、玩、乐，那人不就跟动物一样了吗？那不叫做享受"人生"，而是享受"动物的生命"，糟蹋人生。

人的生命过程只有短短几十年，如果把一天二十四小时三等分，每天工作八小时、生活八小时、睡觉八小时，生命之中真正能运用的时间其实是不多的，甚至可以说是太少了。就算活到一百岁，也有一半以上的时间花在睡觉、吃饭上。

吃、喝、玩、乐是动物的本能，虽然人也是动物，但人不仅仅是动物，还有身而为人的责任和义务，应该好好把握和珍惜我们短暂的人生。因此，懂得把握我们所拥有的时间、环境条件，好好地运用它，发挥最高效用，那才是真正懂得享受人生的人。

但是对于一些只顾眼前利益的人，我们义会觉得："这个人好现实喔！"对他有利益的事，才会帮忙，对他没有利益，或跟他没有关系，他就不参与、不帮忙，那是由于他过于自私、短视。

如果能把心量放大，观念转变一下，以众人的利益为考量点，把现实转成"实际"。珍惜现在，珍惜当下的生命，珍惜所有的时间，珍惜自己的环境，为增进社会大众的福祉而努力，这样的"现实"是不坏的。

可惜我们很多人是在忧虑、悔恨和骄傲之中过日子，或是活在幻想和回忆之中，沉醉在过去的丰功伟业中，缅怀自己曾经如何如何，做过什么事，在什么地方得意过。也有的人将生命的重心完全寄托在孩子身上，期待孩子有成就，以便炫耀自己的孩子怎么聪明、怎么伶俐。

人和人之间谈论的往往也就是这些。成天和朋友东拉西扯，当面谈不够，还又继续打电话谈，一天的生活往往就这么过去了。这究竟是享受人生，还是糟蹋人生呢？

我们何不利用这个时间来与人为善、做义工、为社会服务、对人群关怀？这样，我们不仅尽到做人的责任，也不会把时间浪费掉了。

但是珍惜时间并不等于拼命工作，而是需要完成工作的时候就全力以赴，该用头脑思考的时候就用心规划，需要休息的时候还是要休息，该放松时就放松，恰到好处地安排。

祝福大家享受您的人生。享受人生就要珍惜人生，珍惜当下，每一秒钟都不要浪费。因为人生苦短，每一秒钟都是可贵的。社会整体的资源是由我们每一个人的资源累积出来的，我们每个人掌握现在、珍惜现在，就可以增加很多的资源，无形中也就为社会累积了无数的资源。

Chapter 6
心安理得就是成功

　　试着欣赏积极付出的自己，曾经努力过的，无论结果是什么，都不会白费，也都会浪值得。因为用了心，就不会浪费生命，即使不成功，也换取了经验，得到了自我的成长。

坚持的是原则还是偏见

待人处世的过程中，"坚持原则"本来是正常的，问题是：你所坚持的究竟真的是原则，还是自己的偏见呢？

如果对任何事都坚持自己的想法，坚持自己的做法，只管自己，别人的建议和意见，都不愿意接受，也不愿意为任何人改变自己，不替别人设身处地地着想，到最后可能于人于事都会造成伤害。你以为这是坚持"原则"，其实不是！你所坚持的，不过是个人的偏见，这就是"我执"。

坚持原则，是指自己所坚持的，也会为其他人所接受；不仅现在的人可以接受，未来的人也可以接受，甚至过去也曾经被人接受过，这才叫做原则。

做人有做人的原则，做事有做事的原则。做人的原则首先要"保护自己"，可是保护自己并不意味着要伤害他人；考虑自己的同时，也要尊重他人，自己受益，也希望对他人有帮助，秉持彼此互惠互助的立场，这种原则才是对的。

做事的原则，应该要以大多数人的利益为考量，如果所坚持的原则，是出于自私或为了少数人，或贪图一时的方便，这就是偏见，就是执著。

但许多人经常分不清到底是"择善固执"，还是把个人的偏见当成了原则。其实，只要观察别人对这件事情的观感，就能判断出究竟是偏见还是原则了。

如果你的想法和做法，让每个人都觉得受不了，很痛苦，每个人都觉得那是错的，有问题的，只有你认为是对的，那很可能就是偏见。能够符合每一个人或是多数人共同的想法和意愿的，那才是原则。

原则并不是一成不变的，它会随着时间或区域环境的不同而有所改变，唯一不变的是：一定是为众人着想，能够为大家所乐于接受的。

执著偏见的人，就是我执太重。我执会带给我们很多烦恼，因为自我意识太强，自我中心太坚固，就会坚持自己的性情或想法，全身如同刺猬般长满利刺，"棱角"很多，动则伤人，而无法圆融待人。

所以有人说："做人处事要内方而外圆。""内方"就是原则，"外圆"就是不伤人。虽然在心里有一定的标准，可是当需要变通的时候，也不要执意不变，食古不化。必须要有一些善巧方便，观念想法适时地转一个弯，换个角度，或是多用同情心、柔软语，这样才不会让人觉得你很难相处，事情才容易成就。

时时提醒自己"内方外圆"的原则，也是化除我执的方法之一。更进 步说，如果我们能够放下我执，不以自我为中心，任何事情都能看得开、看得淡、放得下，而且能够包容所有的人、所有的事，自然而然就不会有偏见，当然就没有烦恼了。

积极的人生

积极是一种很重要的生活态度。积极跟消极是相对的，如果不积极，就会变成消极。

什么叫消极呢？消极是得过且过，有也好，没有也好；死也好，活也好。有人说："这个社会太紧张忙碌了，我不想过这样的生活。反正我的要求不多，只求有一口饭吃就好，干嘛跟大家一样劳碌呢？流浪汉不都是这样过日子吗？"有这种想法的人就是消极的。

消极的人生观，是灰色的，是沉闷的。对个人而言，会扼杀成长的机会；对社会而言，则是增加社会大众的负担，这是连做人的基本责任都不顾了。因此，我当然是赞同积极的人生。

不过，追求积极的人生，是一门大学问。很多人认为积极的意思就是努力追求成功，不外乎找一份满意的工作，有很高的收入、响亮的名气，希望获得名利、财富的享受，仿佛人生值得追求的就是这些东西。

一个人如果没有努力的目标，的确很容易就丧失生命的原动力，而一般人的努力，无非是追求名、追求利、追求权、追求势、追求位。其实，追求的本身并没有错，更不是罪恶，问题在于追求的过程中，是不是不择手段，有没有伤害到别人，或是伤害了自己的品德？

再比如，虽然很努力地追求，目标却愈来愈远，这时候该怎么办？是不是还要追求？是不是非要得到它不可？

积极的确是很好，可是在追求的过程中，如果太在乎目标的达成，往往会忽略自己所处的环境因缘，忽略周遭别人的感受。所以，除了积极的追求之外，还要常保平常心。能够得到固然非常好，即使不能得到，那是因缘不具足，不必那么难过。所以进取心、积极心要有，但是得失心最好少一些，一切"尽其在我"就可以了。这样子，生活才会过得比较愉快，也不会因为自己的积极，而让他人受到伤害。

所以说，积极是一种态度，本身并没有对错，如果动机不纯正、目标不对，或是为达目的不择手段，这种积极才是不对的；或是目标达成后就得意洋洋，目标达不成就痛苦万分，这样的积极就是错的。唯有当目标正确，做法正确时，积极就会成为一种优点，会为自己、为他人带来快乐。

这道理听起来像是"只问耕耘，不问收获"，其实两者还是有一点不同的。"只问耕耘，不问收获"这个观念是正确的，只是态度有一点消极。积极的态度，应该是在耕耘之前，做好更多的准备，譬如哪一种耕耘的技巧最好？市场上有没有这个需求？有没有销路？市场上消费得完吗？消费不了又该如何处理？……详细考虑之后，耕耘的结果，才容易和我们的预期相符。在考虑清楚之后，动手去做，如果达不成目标，也不需要难过，这才真的是"只问耕耘，不问收获"。

那么，要如何培养积极的心呢？首先要确定目标，因为有了目标，生命才有方向。这个目标最好是"少为自己，多为别人"，譬如现在地球的环境充满危机，我们可以思考一下能做些什么？你可以利用空余的时间，投入环保工作，也可以只在自己家里，或家的附近，做一个小小的环保义工，这都是十分有意义的。

像这样，将自己推向一个好的方向，剑及履及地去完成它、实现它，你就会觉得自己的人生有目标、有意义，这就是积极人生的真意。

放下真理，真自由

　　很多人一辈子为了追求真理，不惜上穷碧落下黄泉，皓首穷经，遍访明师，而且还说："吾爱吾师，吾更爱真理。"好像真理代表了一切。但是，这个世界上，真的有所谓的真理吗？坚持真理算不算是执著呢？

　　其实，在我们平常生活中很容易就可以发现，今天大家认为的真理，到了明天，可能就成了妄言。西方人的真理，也不一定是东方人所认同的。即使是强调智慧与真理的哲学或宗教，也会让人莫衷一是；特别是宗教，往往这个宗教认为是真理，另一宗教却认为是魔。

　　从历史上来看，任何观念、思想或原则、方程式，都只是在某个时段中，暂时被大多数人认为是对的，过一段时间，有另一个更新的、更好的观念，或更好的方法出现时，原有的思想观念或方法原则，就会被淘汰。例如从古希腊一直到近代、现代、后现代，哲学领域中就有相当多不同的学派，各有各的理论和说法，这些思想就像"长江后浪推前浪"般，随时代环境的变动而不断地变化。

因此，所谓的"真理"，其实不过是个假象，只能说是目前最趋近于真的，却不是永恒的、永远的、绝对不变的，而是会随时空变化而改变的。所以，我们这个世界根本不可能有绝对不变的真理；既然没有不变的真理，就更不应该执著。

即使佛教徒对佛法也是如此。《金刚经》有一个"船筏"的比喻，意思是说：借着船筏的承载可以过河，可是一旦过了河，就必须放下船筏才能上岸，如果一直想待在船上，就永远无法上岸。

这是说，佛法就好比过河的工具，对尚未过河的人而言，要让他执著佛法，依佛法所说的去修行。但对已经将佛法运用得很好的人，就要教他放下。佛法所讲的"真正的解脱"，是要连佛法都放下、都不执著。

当然，对还不懂得佛法，还不会修行的人，佛教徒会告诉他："佛法是最好的，佛法是真理。"可是对佛法已经有相当体会的人，就要了解：佛法也只是一个方便法，而不是让你绝对、永远执持不放的原理、原则。

譬如佛法中"常、乐、我、净"或"苦、集、灭、道"等生老病死的道理，起初我们把它当成真理、定见执持着，可是一旦运用这些真理帮助了自己，也帮助他人之后，就应该把它放下，才会得到真正的解脱。

或许有人会问：如果学佛的人连佛法都不执著，会不会心无定见，是非不明、好坏不分？

不会的！这样的"不执著"，是已经历过"执著"的过程。放下之后并不表示没有想法，只不过这已经提升到另一个层次，而是以整体众生的想法为想法，以当下环境的需求为需求，以整体的意见为意见。

　　当你追求真理之后，又能将所追求的放下，而不执著一个非如何不可的真理，那才是真正的自由！

花开花谢，不执著

世间的万事万物，不论是山川大地、环境中的任何事物与现象，还是我们的身体、思想、心理反应……都是在不断的变动之中，没有一样是永恒不变的，甚至包括所谓的原则、真理，也会随着时空的不同，而阶段性地有着差异。到了该改变的那一刻，应该放下的就要放下，不需执著。

但是要做到不执著谈何容易！该如何祛除执著呢？不妨试着从理性的分析和对自己身心的体验，来练习祛除执著。

所谓理性的分析，就是用"因缘"的观念，来理解事物的真相。因缘是指一切的现象，不论生理的、心理的或自然社会的现象，都是时间和空间之下所产生的种种关系，是由许许多多因缘条件和合而生的，无法单独发生，也不会突然出现，更不会永远不变地存在；只要其中一项因缘条件改变，牵一发而动全身，原本你以为绝对不会变的事物，就会有了变化。

另外一种则是用体验的方式。我们体验自己生命的过程，会发现人的生命从小一直到老、到死为止，都在不停地变化，自己的身体、生理在变，观念也在变。

例如一个人，本来是小男孩、小女孩，然后是少男、少女，然后变成中年男子、妇女，最后变成老先生、老妇人，不断、不断地在变，如果要执著，究竟要执著哪一个呢？究竟十六岁的是我呢，还是八十岁的才是我？其实都不是，因为十六岁的时候已经过去，八十岁的现在也会过去，所以根本不需要执著。

从身体的变化可以更进一步来体验心理和观念的改变。从小开始，我们就不断在受教育，也不断地受到环境、父母、老师以及时代变迁的影响，几乎没有一个观念是属于自己的，都是外来讯息的累积，然后才成为自己的想法。

而这些想法也是会变的，例如当你和别人谈话时，对方提出一个你前所未闻的新观念，你听了以后，头脑中的想法可能因此转变，不要说昨天的看法和今天的看法不同，可能这一刻的你和前一刻的你就不一样了。

不论从理论上来分析，还是从自己的体验上看，都可以证明，没有一个永恒不变的我，甚至没有一个"我"存在，那又有什么好执著的呢？

不过虽然因缘在变化，但是当下还是有暂时的现象存在着。就像一朵花，你今天看它可能好漂亮、好可爱，可是过了几天，它就会凋谢，不漂亮、不可爱了，可能要换另外一朵花。既然知道事实如此，就不需要对这朵花人执著。因为花开、花谢是自然现象，不需要太多的执著。

开发智慧的潜能

曾经有心理学家和人类学家的研究发现，人类的脑力其实只开发了不到百分之十，还有超过百分之九十都还没有开发。这几年来，坊间非常流行潜能开发的课程，也有借着催眠术来开发潜能的活动。

对于人类学家所讲的道理，我没有研究，也不懂催眠术能发挥什么样的功能。不过，据了解，从脑细胞的运用所开发出来的能力，应该是属于记忆的、反应的或分析的能力；但是一个人的头脑是不是能够无限制地开发，变成一个很有学问的人，或是很有创意、很有开拓能力的人，我并不清楚。而且，有了这种能力，是不是就能够祛除烦恼，变成一个很有智慧的人呢？也是值得斟酌的。

我只知道，从佛法的角度来看，人人都可以开发智慧。可以从一个充满愤怒、嫉妒、悲观的人，转变成有慈悲心、有包容心、有远见、有悲愿的大菩萨；佛教甚至认为，人人都可以成佛。

佛法所说的智慧，是指不会因为情绪的波动，而使得自己痛苦、他人困扰。我们经常看到一些非常聪明的人，虽然学问很高深，记忆力也很强，可是日子却过得充满无奈。因为一个具备聪明才智的人，不见得就有包容心、慈悲心，以及救世、救人、救世界、救一切众生的悲愿心。

佛法虽然不一定能增强我们的记忆力、思辨能力或开发种种潜能，但能够使我们的烦恼愈来愈少，情绪愈来愈稳定，人格愈来愈健全，慈悲心愈来愈广大。人类学家以及催眠术所能够完成的工作，或许能为人类开发更深更广的知识层面，但是对于人格的培养，即使有帮助，也不是绝对的。而佛法所说的观念与方法，对智慧的开发，却是绝对正面的，只要从观念和体验两个方向去努力，就可以达成目标。

例如，当我们烦恼痛苦的时候，要告诉自己：烦恼对自己有用吗？痛苦对事情有帮助吗？明明知道没有用，为什么还烦恼呢？而且事情、现象都会改变的，过了一段时间自然就会过去，现在又何必这么放不下、看不开呢？这就是从观念上帮助自己纠正。

另外一个方向就是体验。所谓"体验"，就是要用方法。例如当我们烦恼很多的时候，可以由注意自己的呼吸、自己身体的感觉和念头的起伏，慢慢看到自己内心的起伏变化，体会心态的活动；渐渐地，你会觉得，这些念头的波动变得没有意义了，只是一种"心的动"而已；一段时间后，连这种"心的动"都因为没有意义，也就自然而然安定下来了。

这种方法可以让我们体会到内心平静下来的过程，烦恼于是减轻，智慧因此而开发，人格也就渐渐地稳定和健全了。

活在当下的积极

"积极"这两个字，我们通常都会把它和乐观、开朗、进取连在一起。既然积极是这么正面的，如果我说太积极也不好，可能会有人不以为然了！

事实上，积极到了某一个程度，是会形成压力的。很多人虽然做事很积极，可是却积极得很紧张、积极得很忧愁、积极得很痛苦，不管到最后是失败还是成功，过得都不是很快乐。

这都是因为得失心太重的缘故，本来只希望工作完成就好的，接着又要求更好，等到达顶峰了，又担心会有不好的情况发生，随时随地都在担忧、忧虑。即使成功了，也还是在紧张的情绪和紧绷的压力下，当然不会快乐，也称不上乐观或开朗。

所以，积极虽然会带来事业的成功，但成功以后呢？如果不懂得保持平常心，反而会失去快乐和应有的开朗。

想要积极而不紧张，或是没有压力的唯一办法，就是得失心少一些。少一些得失的意思并不是不进取，而是"只问耕耘，不问收获"。把耕耘当作自己的责任，尽责任去播种、施肥、浇水，该做的工作不断去做；以乐观的态度期许未来，相信一定会有好收成，其他就顺其自然了，不需要太忧虑、太难过。即使收成不好，也要告诉自己："大环境不是我所能掌控的，我只要努力就好了。"欣赏自己努力的这一份精神，而不要把心思放在对结果的斤斤计较上。

试着欣赏积极付出的自己，曾经努力过的，无论结果是什么，都不会白费，也都会很值得。因为用了心，就不会浪费生命，即使不成功，也换取了经验，得到了自我的成长。

还有一种过度积极的人，因为希望在短时间内做很多事，所以就会很心急，而这种心急，不但不是积极，还会妨碍积极。所以我常常说："对工作，应该要赶，但不要急。"只要把工作的顺序安排好，好好地运用时间，按部就班去做，一定能做得完。

工作要赶，因为一个人的时间就那么多，如果想多做一点事，就一定要赶，可是一定不要急。要能够赶而不急，虽然睡眠时间少一些、累一点，因为不急就能够心平气和，不会心浮气躁，身体并不会受到太大的影响。否则一急、一紧张，就会心浮气躁，血压跟着升高，对身体反而是种消耗。

"工作要赶，不要急"，很多人一时间没有办法接受这样的观念，这需要一些时间的体会和练习。每当心里急的时候，就提醒自己："我这是'赶'，我不要'急'"。

我有个弟子曾经跟我说："师父，我很积极，可是我也很急，因为我总是想用很短的时间做很多事。每次做这件事，就老想着下面那件事。"我说："你做着这个，又想着下面那个，当然急了。因为你的心根本没有放在你正在做的事上，这样子很可能连手边的事都做不好!"

他听了觉得很有道理。过了一段时间后,他跟我说:"师父,原来真的可以赶而不急!"他告诉我,他学会了把握当下,当下只努力做眼前的事,下面的事等一下再去想。他说:"自从我不急了以后,不但能享受做事的乐趣,而且也做得比较快一点。"

只求好好地、实实在在地活在当下的这一秒钟,不担心下一秒钟会怎么样,像这种活在当下的心理,才是最积极的态度。

大鸭大路，小鸭小路

　　在我小的时候，有一天傍晚，我父亲跟我正好经过一条河边的小路，有一群鸭子本来在河岸上休息，见到我们父子俩走过，或许是受惊了，或许是要让路给我们，总之一群鸭子全部都下了河，从河的这一边，游到另一边去，接着又上岸去玩了。

　　父亲看着在河里游的鸭子，告诉我说："孩子，你看到了吗？这群鸭子里，有大鸭、有小鸭。大鸭游出来的是大的路，小鸭游出来的是小的路。不管是大路还是小路，都是自己游出来的路，而且都到了河的对岸。"

　　他又说："孩子啊，人要学这些鸭子。你长大之后，不管游出大路或小路都没有关系，可是不游是不行的，因为不游的话就没有路可走了。"

　　父亲的意思是说：无论大路，还是小路，都可以到达对岸；可是如果不游的话，就肯定没有路可走了！

　　这件事对我的影响非常深刻。我这一辈子就自认为是只小鸭，我看过很多"大鸭"在这个世界上呼风唤雨，我觉得自己没办法像他们那样，也无法和他们相比，当然，也不需要比。所以我甘于做一只小鸭，我走我的路，他们走他们的路。

我的师父东初老人在世的时候，常常要我学习某位大法师的样子，他说："你应该学习做那样子的法师。"我想我学不来的，因为他是一只大鸭，而我是只小鸭，怎么可能学得来呢？

大约在一九六一年，我要去高雄的山里闭关的时候，有一位老居士听说我要去闭关，特别选了四本近代中国四大高僧——印光大师、太虚大师、虚云老和尚和弘一大师的书来看我，把书送给我后就问我："圣严法师啊，你将要入关了，那么四大高僧中，你究竟准备走谁的路呢？"

虽然我对这四位高僧都非常恭敬、非常景仰，但是我说："我大概是没有办法走他们任何一位高僧的路的，我走我圣严的路。"

他说："你这么傲慢啊？"

我说："我不是傲慢，也不是没出息，我只能走我自己的路。但是我会参考他们的路，他们是怎么走的、他们的好处，我会尽量地学习，能学多少，就学多少。但是我不要模仿谁，也不要自己一定成为哪一位高僧的样子。"

因此，我就在关房里很安心地修行。我没有准备要变成四大高僧中的哪一位，也没有这样的狂心、那么大的胆量，想变成第五位高僧。我只能做多少算多少，能够做什么、学什么，就尽力而为，尽我的一生好好努力。

其实，在一群鸭子里总有大鸭，也有小鸭子，游出的路一定也有大小之别。从佛法的角度来看，这是因为各有各的因缘福报，所以对于别人的成就，我们应该赞叹，但是不用羡慕。

小鸭子看起来好像没有在游，但它并不是停在那里不动，只是游得比较慢，但是慢慢地、持之以恒地划下去，最终也能走出一条路来。就像我，我自认为自己是只小鸭子，虽然游得慢，可是我游得很安心，也从来不羡慕他人，只知道尽力游，游到现在为止，不也是游出了一条路吗？

我们不要要求自己一定要游得比别人大，靠着和别人比较来建立自我的价值，那是非常痛苦的事。所以，凡事只要尽自己的力来做，就一定会游出自己的路。

心安理得就是成功

在一般人的观念里，所谓成功，就是要有大事业、大名望，而且还要地位高、财产多，有许多人簇拥着他。这种人，大家才认为他是成功的人。

其实，想要获得这样的成功，说难很难，说容易也很容易，表面上看起来并非每一个人都能做到，但又好像人人都有机会。以我为例子，我能在电视频道上为大家说法，好像很不容易，很多人就认为我是成功的；可是，这并不表示其他人做不到。而且这就算是成功吗？恐怕值得深思。

到底成功的定义是什么呢？孔子以"立德、立功、立言"作为成功的准则。所谓"立言"就是能提出有道理的见解，让大家有所依循，并获得正面的效果。其实要想做到立言，也不容易。他必须有思想，还要有所创、有所立，而非仅仅做个传声筒而已。

"立德"的"德"是道德、德行的意思。无论是心性、品性，或是待人接物、处事态度，只要能对大众有利，对社会人群有利的，就是立德。所谓"君子之德风，小人之德草"，君子立德是树立一种风气、典范来影响别人，从影响一群人、一个社会、一个国家，乃至影响世世代代的许多人。

"立功"则是在适当的时机做出正确的事，造福大多数的人，立下汗马功劳。

这三者之间，立功是可表现的、有形的，别人很容易就可以看到或知道，它和"德"不一样。德是一种影响力，虽然无形，但有力量。而立言是用言论来影响人，可以是立功，也可以是立德。能做到这三种，都算是人生的一种成就；且不论影响多寡或功劳大小，都是成功。

所以，如果以这三个原则来论成功，则人人都有机会成功；相对的，目前社会上很多所谓的功成名就者，就算不上成功了。很多有大事业的人，他不一定道德很高；名望很高的人，讲话也不一定有道理。因此不能只从金钱、地位来判断一个人的价值，名望高、地位高、权利大的人，对社会不一定有功劳，对历史不一定有贡献，真正的成功应该是建立在孔子所说的这三个标准上的。

对大多数人来说，要做到"立德、立功、立言"好像很难、很遥远。其实，"立德"是只要不愧对自己的良心，遵守道德的行为，那就是"立德"成功；"立功"就是我们要帮助他人，如果所作所为都能够利益他人，也就是"立功"成功；"立言"就是在观念上或语言上，能够安慰鼓励别人，甚至影响他人改过迁善，那我们就是"立言"成功。以这样的标准来看，人人都可以"立德、立功、立言"，人人都可以是一个成功的人。

甚至，一个人只要真正能做到心安理得，那也是一种成功。

　　如果一个人活了一辈子，临终时觉得自己白活了，或是死不瞑目，即使他活着的时候被看作多么功成名就，都称不上真正的成功。只要觉得自己这一生没有白来、没有白过，那他这一生也就是成功了。不要说一辈子，只要一天没有空过，就有一天的功德、一天的成功；即使是一小时，也有一小时的功德、一小时的成功。

　　成功有大成功、小成功，能够积聚一小时、一小时的成功，一个念头、一个念头的成功，小成功也可以慢慢累积成大成功，而我们的福德和智慧也会逐渐圆满。福德和智慧达到究竟的圆满，那才是我们最大的成功，那不是金钱，也不是地位，而是功德。

Chapter 7

存好心，说好话

言语本身并没有好坏，端看个人的智慧，如果使用得当，可以帮助沟通，反之，则会让人产生烦恼。

沟通的方法

人是群体的动物，不可能离群索居，除非你想成为与世隔绝的人，把自己关在一个独立的空间里，不想和任何人接触，也不想请求任何人帮忙，那才不需要与人沟通，否则谁都免不了要与他人沟通。

沟通很重要，可是在人与人相处的过程中，我们都会选择与自己比较契合的人来往。总认为：反正不和某某人来往，不和某某人谈话，一样会有其他朋友，一样可以过日子。于是就开始有所分别：这个人是我的朋友，那个人不是我的朋友；或是这班人都是坏人，我不愿意和他们做朋友。

像这样的人，在脑子里已经设定好标准，认定了某些人不够朋友，或不是朋友，或是这些人都是出卖他、要占他便宜的，甚至觉得别人的水准太差，不够资格做他的朋友。这种不愿双向沟通的人，要和他交朋友是很难的，因为，沟通一定是双向的，如果只是单向的就不能称作沟通，因为根本无从沟通。

照常理说，只要不是恶友、损友，交朋友应该是多多益善，但如果任凭你如何努力，对方还是不愿接受你，仍然对你有敌意，那就不用再努力，只有暂不往来了。因为你不一定非得和他做朋友不可，更何况是他不愿意和你来往，不愿意接纳你，如果你执意要和他来往，不但你很痛苦，他会更痛苦。事情到了这个地步，也是无可奈何的。不过，即使如此，也不要把对方当成敌人，心里还是要把他当成朋友。

这就是佛法中所谓"默摈"的方式。"默"是沉默，"摈"就是驱逐，意思是他不生活在我的范围里，我也不生活在他的范围里，彼此互不干扰、涉入。因为既然没有办法沟通，那就不需要再强求了。尤其是当对方无理取闹、不可理喻，你和他有理也讲不通时，那只有用默摈的方式。可是等他回心转意后，还是要将他视为朋友，不要因此而把他当成十恶不赦的人。

另外还有一种方式是"试探"，几次试探后或许会发现，也许是因为你的方法、心态或言语让对方误会，以至于他无法接受。这时你必须先调整自我，调整到对方能够接受的程度为止，但不能把自己完全变成别人期待的样子，否则就失去了自己的立场与原则，连一般人也无法接受。你可以试着想办法先适应对方，将自己的一部分改变，经过多次的适应调整，最后也许对方会回心转意，愿意主动或被动地与我们接触。

无论我们采用什么方式沟通，都要明白，沟通需要双方共同的努力，只靠单方面努力是不够的。所以除了要敞开心胸接纳别人外，对于他人刚强、抗拒的心，也要用慈悲心来软化它，这样才能达成真正有效的沟通。

先接纳别人才能沟通

一般人所认为的沟通协调，就是让别人接受自己，往往忘了体察别人真正的需求。例如，我有一个弟子，他在与人沟通协调时，常常会说："我是为你设想，所以你一定要接受我的建议，你非这么做不可。"然后才问对方："你会不会觉得很难接受？"如果对方表示很困难，他便回答："这不困难，只要你接受我的想法，困难自然就会解决。"

像这样的沟通，是单向、填鸭式的，并不是真正的沟通。真正的沟通一定要先问对方有什么困难？有什么需求？然后再看自己能帮上什么忙，不要一厢情愿地要对方接受自己的做法。

我在日本留学期间，不论到任何商店，店员一定会先问一句话："请问我能帮你什么忙？"人与人之间的沟通也应该如此。帮助别人时，不要预先设想好自己的计划，然后不管别人是否需要，硬是把自己的方法套在对方身上。例如，中国人宴客时，都不会先问客人的口味如何，菜一上桌就不停地把菜挟给客人，使得客人吃也不行，不吃也不行，非常尴尬。但是在西方则不然，例如有一次我热心地挟菜给一位西方客人，他不甚愉悦地直接对我说："你知道我喜欢吃这个吗？"从此以后，帮别人挟菜前，我都会先问对方："菜合不合口味？""还想吃些什么吗？"

因此，沟通协调的原则应该是：先让对方提出他真正的想法与需要，然后再让他了解我们所能提供的帮助，这样的沟通协调才算成功。沟通是一种双向的交流，如果只是单向的沟通，那其实不是真正的沟通。

佛法中也有所谓的"四摄法"，指的是用四种方法来引导众生接受佛法，分别为："同事"、"布施"、"利行"与"爱语"，这四种方法都非常重要，因为我们想要度化众生，就不能强制众生接受佛法，要让他们能够真心地接受。所以，想要度化众生，首先就要接纳众生。

佛教认为一个佛教徒，或是正在学习菩萨道的人，是不能离开群众的，因为行菩萨道要能做到"众生无边誓愿度"。既然要度化众生，就不能够离开人群而自求安乐、独善其身，必须把自己奉献给众生，并且先放宽胸襟接纳众生的种种问题，帮助他们解决问题，然后才能让他们放宽胸襟，接受佛法。

有些人在度化别人时，往往会高姿态地说："佛法太好了，你必须相信、必须接受。"这种说法是在展现权威，而不是感化别人。最好是用佛法来感化人、感动人，而不是教训人。菩萨都是以低身段、低姿态融入众生之中，不仅和每一位众生地位平等，甚至还要让众生觉得自己的地位比较高，有种被尊重的感觉，才能让众生对佛法产生好感。同样地，当你要和别人沟通时，也是要先放低身段，先接纳对方，对方才有可能真正和你沟通。

存好心，说好话

　　俗话说："祸从口出。"说话不得体，常常会伤人又伤己，引起很多麻烦。佛教有所谓的"妄语"，不论是一般人喜欢听的虚伪奉承、空洞修饰，或是讨厌听的刺激、辱骂、讥讽的言语，以及诱使人犯罪的说词，全部都是妄语；也可以说，凡是会让自己产生烦恼、他人受到伤害的话语，都是妄语。

　　妄语的范围很广，约略可分为四种："妄言"、"绮语"、"两舌"与"恶口"。"妄言"是说谎，存心骗人；"绮语"是花言巧语，言不及义；"两舌"是挑拨离间，使得人们互相仇视，变成对头冤家；"恶口"是口出恶言，使别人受到伤害。

　　能够完全不说妄语，恐怕只有圣人才做得到，一般人多多少少都会有这种口舌的过失，即使是纯真的孩子，也难免说谎骗人。例如，爸爸问孩子："你最喜欢谁啊？"这个孩子如果够伶俐的话，就会回答："我最喜欢爸爸。"当妈妈问他的时候，他就会改口说："我最喜欢妈妈。"为了讨好父母亲，孩子两边说的话不一样，也算是一种妄语。

有时候，亲戚朋友之间也会这样问："你喜欢爸爸还是妈妈?"孩子没有办法选择，很难做判断，只好圆滑地说："我喜欢爸爸，也喜欢妈妈。"如果再追问："那你最喜欢哪一个呢?"这就更让孩子为难了。其实，大人不该这样问孩子，不但对孩子不公平，也会造成误导。

所以，从小的时候开始，大人经常就在日常生活的潜移默化中，让孩子养成了说谎的习惯。刚开始，这种小小的谎言或许还无伤大雅，但长大以后，或是为了谈生意牟利，或是为了个人的利害得失，渐渐就会变本加厉地欺骗、害人。

例如，有些生意人便相信，如果不对顾客说谎，产品便会卖不出去，于是推销时就会夸大其词地说："我的产品是以亏本的价钱卖给你的，不买一定会后悔的。"其实他根本获利丰厚。像这样既不诚实又别有居心的说法，就是在说谎。

事实上，只要货真价实，做生意不一定要说谎。我有一位纵横商场多年的朋友，他说他之所以能够成功，是因为在与顾客谈判的时候，态度非常真诚，也会让对方知道自己的立场。毕竟，做生意除了原料、机械设备、水电、人工等成本外，还应该为自己争取一些合理的利润；不过，扣掉成本与得到合理的利润后，或许就不应再赚取暴利了。所以说，为了做生意而说谎骗人，并不是必要的手段，唯有货真价实、信用可靠，才是工商界应有的职业道德，也才能使事业更大更久。

因此，我们在日常生活中，除了做到"不妄言"、"不绮语"、"不两舌"、"不恶口"，更要积极地以"诚实语"、"尊敬语"、"赞叹语"、"慰勉语"来与他人互动。如果能净化我们的语言，我们的环境里就会减少很多的口舌是非。

谣言止于智者

佛教的五大基本戒律中有一项"不妄语戒"，意思是指"不说任何害人害己的言语"。可是，懂得发自内心、恰到好处地赞美别人的人很少，喜欢在背后批评别人的人却很多。一般人如果不是在人前歌功颂德、言不由衷地奉承，就是在人后因妒忌而中伤别人，或是通过批评来发泄自己的不满，因为他们已经习惯"张家长、李家短"，似乎觉得说别人的优点一点意义都没有，只有不断地说别人的缺点，才痛快、过瘾，因而很难改掉说闲话的毛病。

台湾目前不只在媒体上有这样的现象，一般的家庭聚会也经常如此，说别人的闲话似乎已经成为一种风气，比如大家都喜欢谣传"听说某某女明星生了一个私生子"之类的谣言。谈论时好像很有趣，但其实毫无意义，只是一种无聊的举动罢了！

虽然大家都知道不要听信谣言，多数人也不会轻信谣言，可是却很喜欢传播谣言，例如："有人说某某人做了件缺德事……我只是听别人这么说，不知道是真的还是假的，请你不要随便传出去。"对方听到后，表面上点头说好，背地里却很快告诉另外一个人："我听说某某人做了件缺德事……但是你不要跟其他人乱讲，因为我只是听说，到底是不是真的，我也不知道。"结果一传十、十传百，谣言便不胫而走了。

所谓"好事不出门，坏事传千里"就是在这种状况下造成的，如果是好事，传扬开来还可以激励人心；但如果是坏事，传开之后，内容既没有意义，也不能让当事人改过，而且这些耳语通常是在事情尚未明朗时，便已经在暗地里流传了，这样的流言会中伤别人。所以，在传播这些言论之前，应该想想，如果换作是自己被谣言所困扰，应该也会痛不欲生地大声呐喊："我明明没有做这样的事，为什么会出现这么难听的传言呢？"如果能将心比心，便不会传播谣言，也不会听信谣言了。

俗话说："谣言止于智者。"当我们要说任何一句指责、批评、讥讽的话之前，要先考虑："这句话对对方有利吗？对自己有益吗？对其他听到这句话的人，产生的是正面还是负面的作用呢？"如果开口前能先想到这些，就不会随便乱讲话，而能多积一点口德。

相反，如果口无遮拦、缺乏口德，恶毒的谣言、闲话说多了，总有一天会自食其果，因为言语上的过失是一种恶业。所以，我们应该多说利人利己的好话，不要说害人害己的是非谣言。

不要只是抱怨，要处理抱怨

　　"抱怨"是从家庭到社会上的每一个角落都可以看到的普遍现象，也是正常现象。即使亲如父母子女也会互相抱怨，虽然父母疼爱子女自不在话下，但仍不免口出怨言。例如，母亲看到孩子不听话，可能会在父亲面前说："这孩子像你一样，脾气那么坏，怎么教都教不好，你要好好管管他。"像这样的言语，很容易引起大家的不愉快。

　　人都是在生气之后才会抱怨的，所以抱怨的内容多半听来刺耳，不只让被抱怨的人不舒服，就连抱怨者本身也一样不愉快。抱怨主要起因于对人或事的不满，但是，世间不如意事本是十之八九，光是抱怨并不能让事情如意。

　　一般人在听到怨言后可能会想："我对他这么好，他为什么还不满意？我好心替他处理问题，结果他却反过来抱怨我，真是'狗咬吕洞宾，不识好人心'。"这种想法只会让自己愈想愈气愤。如果能将抱怨视为正常现象，被抱怨的人或许就不会太痛苦；否则别人一抱怨，便觉得自己是无辜的受害者，痛苦也会像滚雪球一般，愈来愈大、愈来愈沉重。

如果能换个角度想："人非圣贤，孰能无过?"别人说的可能真的是自己的过失，他抱怨得其实很有道理，可以帮助我看清自己的盲点。

更何况人人都是凡夫，既是凡夫，就不可能没有烦恼，有烦恼就会有抱怨。虽然别人的烦恼不一定是因你而起，但是别人把你当成出气口，负面的情绪透过抱怨而得到舒缓，你也等于帮了他的忙。

其实当不满的情绪出现时，可能是别人的问题，也可能是自己的问题，或是大家都没有问题，只是有人误传了一句话，使得别人口出怨言。遇到这种情形，应该设身处地为他人着想，也为自己着想，并且做到：一、不要抱怨别人，二、接受别人的抱怨，三、倾听别人的抱怨。也要像孔子所说的"君子闻过则喜"，不但不要难过，甚至要更欢喜，因为别人愿意向你抱怨，表示对方还看得起你。

另外，有些人一听到抱怨，就认为"清者自清，浊者自浊"，便自筑高墙，对别人的反应不加理会，这样反而会激怒对方，以为你放弃了和他的友好关系，打算绝交。如果到了这个地步，问题就更难化解了。

所以听到抱怨时，要有适当的处理措施，以免进一步产生误解，而且对于轻重不同的抱怨，处理方法也不同。如果听到的是轻微的抱怨，只要点点头，表示你知道了就可以了，因为对方只是希望你听到这样的意见而已，不一定要给予任何回应。

至于严重的抱怨，则一定要有所回应与处理，如果是对方误解了，一定要找对方协调、恳谈，让他了解事实真相。如果是对方因为你的作为不符合他的期待而产生抱怨，则一定要告诉他，你会努力改善与处理；如果处理的结果还是不能让对方满意，也要让他知道你已经尽力了，你的能力在目前的状况下，只能如此，希望对方能够谅解。

如果大家对于抱怨，能用平常心坦然接受，并且妥善处理，就能从中得到成长，而不是伤害了。

白色谎言该不该说

在一些特殊情况下，人们往往不得不选择说谎，例如，亲人得了绝症，但由于担心他受到惊吓，失去生存的意志，所以安慰他说身体状况不过出了些小毛病，只要医治就能痊愈。类似这种"白色谎言"，到底是不是妄语呢？

佛教所说的妄语，可以分为三类："大妄语"、"小妄语"和"方便妄语"。"大妄语"是自己尚未证悟却宣称已经证悟，尚未成佛就自称是佛；没有看到佛菩萨却说亲眼看到；自己不是已经解脱的阿罗汉，但是为了欺骗信徒，得到信徒的供养和恭敬，妄称自己是古佛再来、大菩萨化身，或是阿罗汉转世等，这些都是大妄语，是很严重的罪过。

除了大妄语以外，其他的妄语都属于"小妄语"。小妄语是指自己所说的话不是真正经历、听到或见到过的事；而且这些话说了以后，不但自己得不到利益，还可能损及他人，或是对自己有利，却造成他人的损失。这种有百害而无一利的妄语，也不应该说。

至于"方便妄语"，也就是所谓的白色谎言，本身无伤大雅，也不会伤害别人，甚至对听话的人来说，反而是一种帮助、一种诱导，让对方不至于感到难堪，还会觉得很愉快。像是前面提到的为了安慰病人所说的谎话，虽然是妄语，只要不过度夸大其辞，还是可以接受的。

方便妄语有时候是需要说的。例如，有人被歹徒追杀，正好逃到你家里来，如果歹徒问你有没有看到这个人，为了救人，你应该说："没有看到。"如果歹徒不相信地说："我明明看到他逃进你家里，你怎么说谎？"这时你就得谨慎回答，一定要想个好方法来帮助受害者，否则他就会有生命危险；在这种紧迫情况下，方便妄语便不得不说。

照道理说，做人应该实话实说，但有时候实话很容易伤人。尤其是家人之间，因为关系很亲密，常常忽略了彼此的基本尊重与礼节，于是见面时便随口批评："你怎么这么不修边幅，衣服穿得邋邋遢遢，真是糟蹋衣服！"或许说的是实话，但听起来很伤人，所以这种话不要脱口而出，必须视状况而定。

也有一些人，即使面对素不相识的人也心直口快，已经伤害别人还不自觉，这提醒我们，说任何话之前，都要谨慎思考。

说话前要先拿捏好说话的时机，什么时机说出来力量最强？是否能帮助对方，或只是徒增对方的烦恼？另外也要考虑，如果现在不说，将来会不会就没有机会说，以至于对方永远都不知道要改进？当然，说话也要看对象，要看对方当时的心情如何，如果说了实话以后，会让他觉得没面子，以至于怨你一辈子，那么最好还是不要说。

　　言语本身并没有好坏，端看个人的智慧，如果使用得当，可以帮助沟通，反之，则会让人产生烦恼。

Chapter 8

因为柔软，所以坚强

包容别人的时候，要将自己想像成一个无底的垃圾桶，才能承受别人的大量垃圾，但要注意的是，不要让别人的垃圾成为你的负担。最好能像布袋和尚的乾坤袋一样，可大可小、包容一切。想要具备这样的能耐，平时可以练习着多为他人设想，少为自己的利益打算，器量就会变得愈来愈大。

如何和不喜欢的人相处

中国人常说的"人缘",日语里称为"人气"。例如,有的明星在戏里的演出不一定很出色,但是他有某种特质,无形中会吸引许多影迷,很受大家欢迎;有的明星则没有这种特质,但他的戏演得好、歌唱得好,所以还是会有许多戏迷、歌迷支持他,这是因为他透过美妙的歌声、精湛的演技,或是他的看法、想法与大家结缘,所以大家都喜欢他。

像我通过写作、演讲,也和很多人结了缘,因此我走在路上时,很多人见到我就会说:"你是圣严法师吗?我看过你的书。"我虽然不是直接与读者面对面,而是间接通过书本作媒介,但也算是与大家结缘了。

从佛教的观点来看,这就是"缘"。如果结的缘是好缘,别人自然会主动亲近你,喜欢和你做朋友;如果结的缘是恶缘,别人就会讨厌你,不愿意和你合作。所以,如果大家都不喜欢你,或许就表示你平时不愿与人结善缘。

彼此有缘的人相处在一起，必然感到亲切、欢喜；遇到和自己无缘的人，光看对方的模样就觉得讨厌，他的一举一动，都让你不顺眼、不喜欢，甚至连他的发型和动作都可以成为嫌弃的对象。

其实问题并不一定出在对方身上，因为喜欢或讨厌是主观的感受，有些可能是你自己从小养成的观念，有些则可能是过去的经验在脑海里留下的印象。例如，看到三角脸的人，就联想到毒蛇的头是三角形的，觉得很可怕；看到瘦长的脸又联想到马脸，觉得很难看；看到圆形脸，又认为是烧饼脸，不雅观。无论看到哪一种脸型，都一样有意见。又或者，某类型的人曾经在某个机缘下，带给你很不舒服的感觉，从此以后，看到这种类型的人你就觉得反感。

由此可见，喜欢或不喜欢，可能起因于自己在过往的经验中，在某一时刻停驻过心头的记忆，也可能是过去世所带来的好恶，以至于见到某种类型的人、闻到某种味道、听到某种声音，都会产生自然的心理反射作用。

所以，如果某个人让你觉得很讨厌，可能是你过去世没有和他结善缘，或根本结的就是恶缘；也可能是你在这一生中，没有意愿要与这种类型的人结缘。但是，你讨厌的人未必会真的对你造成不好的影响，那只是你主观意识在作祟，导致你排斥、不愿接触对方；如果对方也有同样的回应，就会造成互相敌对的局面，渐渐地，自己就变得没有人缘了。

当我们遇到不喜欢的人时，不妨这么想，就是因为自己前世没有和对方结善缘，所以这一生他老是来烦你、整你、让你难过，但这些困扰可以让你有更多磨练的机会、成长的空间，你反而应该感谢他。即使你善待对方，对方还是对你不好，你仍旧要继续与他结善缘，因为既然过去未曾与他结好缘，此生更应该与他结善缘。如果能有这种观念，即使见到自己不喜欢的人，也会觉得对方是来成就自己的菩萨。

所以，如果别人对你不好，你仍然要善待他；如果别人伤害你，你仍然要一秉初衷地照顾他；如果别人欺负你，你应该要原谅他，这就是"广结善缘"。如此坚持下去，别人便会逐渐被你的态度所转变。

也许此生你一直付出，都得不到对方正面的回应，但还是要继续和他结善缘，这种缘叫"来生缘"，毕竟连草木、动物都有感情，更何况是人呢？只要心存善念不断地付出，对方一定会转变，即使今生不转变，来生也会转变。所以，只要抱持着与他人结"来生缘"的信念，便不会觉得和自己不喜欢的人相处是件苦差事了。

要包容不要包庇

∴∴∴∴∴∴
∴∴∴∴∴∴∴
∴∴∴∴∴∴

包容别人不容易，需要有耐心，因为当我们受到打击或是批评时，往往会觉得岂有此理而愤愤不平。如果对方还是你的亲人、好友或多年的伙伴，那更是让人无法接受。不过，即使在这种情形下，我们还是要容忍。

容忍是包容的一部分，意思就是接受他，而且是不断地接受他，如果对方还是继续对付你、打击你，你仍然要继续接受他。所以，容忍是世界上最难做到的事，但适度的容忍既能保护你，也能保护他人，不但你不会因此而被对方伤害或牺牲，同时又能避免让对方做出伤害人的事，将来对方是会感谢你的。

就像刀砍在石头上，石头可能会被刀砍出缺口，可是如果砍在非常柔软的棉花上，或是其他有弹性的物体上，物体表面不会受伤，刀也不会损坏，这就是以"柔"来容忍对方失衡的行为，或反常的打击。

"柔"有两种方法，一种是回转，另一种是退让。例如，当别人要打你一拳时，你可以转个身或是退让一步，让对方打不到。但这些功夫是需要练习的，就像打太极拳时，别人攻击你，如果你能四两拨千斤，就不需要正面与对方冲突，也不会被打得遍体鳞伤。

所以，遭受别人攻击时，要先忍耐，不要立刻反击，最好回避一下，让他转移注意力，然后再想办法解决。你可以另外再找机会处理，或是让他察觉自己的行为是错的，经由时空的隔离，事过境迁，或许就有转变的机会，双方甚至可以化敌为友。

所谓"化敌为友"的"化"字十分重要，因为，一味地包容到最后很容易变成"包庇"，要避免变成包庇的关键就在于"消融"的功夫。当你容忍对方一段时间后，他会渐渐觉得好像打错了人、做错了事，觉得对不起你，他的观念可能会开始产生变化。当他的观念转变后，你可以和他进一步沟通，问他当初这样对待你的感觉如何？也可以表明你是真心想帮助他，并没有伤害他的意思，如果对方愿意沟通，也乐于接受你，那么，你就是在帮助对方脱离仇恨心了。

所以说，容忍也是一种菩萨行。不过，要化敌为友还是要有智慧才能够化解，否则一味地包容，可能会变成包庇，到最后不但伤害自己，也会伤害对方，就像把毒药吞进自己肚子里，自己也会被毒死了。

包容的尺度与智慧

　　包容别人可以减少自己的烦恼，增加智慧，但是包容应该要有尺度与范围，以免造成自己的负担。包容的限度不能大到让自己痛苦、困扰，甚至是痛恨的地步，必须量力而为，不能够自不量力。

　　而且，包容别人的错误，虽然是气度恢弘的表现，但是在工作上，却有待斟酌。因为下属犯的错，上司连带着要负责，如果还是一味包容，恐怕只会让事情愈来愈糟。

　　所以我们找人做事，一定要找到能力足以胜任、品德值得信赖的人，而那种不在乎人才优劣，认为自己可以包容一切的人，到最后一定会产生问题。毕竟对一个人的包容，可以毫无限制，但是工作上的包容，却不能马虎，否则会对团体产生巨大的影响。

　　不过，再有能力、有品德的人，也会犯错，虽然对方不是故意的，可是已经连累到你；如果你了解这个人的能力和品德，就应该替他承担下来。这样的处置并不是包庇他的错误，而是了解在因缘变化之中，难免会发生错误，所以是可以被包容的。

相反地，如果你明知此人能力不足，品德也有问题，还是勉强让他做，等于是把一只羊放到虎口里去，而羊本来就会被老虎吃掉，这就是你的责任了。

如果遇到能力比较差的部属，则要多给他学习、改进的机会。因为能力可以藉由训练培养，甚至人品不好也能被感化。不过，还是要拿捏好尺寸，因为人的智慧、才能有先天的限制，不能太过勉强，如果硬要把铁变成黄金，那就超出常轨了。

通过练习，可以让自己的包容度变大，但是刚开始时，应该先衡量自己的能力范围。就像要依照袋子的大小，来决定能够装多少东西，如果只能装一斗米，便不应该装过多，装多了，不是东西溢出来，就是袋子会破掉。一个人包容的尺度与范围，完全要看他的器量有多大：小人只能包容小的事情，大人则能包容大的事情。

中国弥勒菩萨的像，大多做成布袋和尚的样子，他背上的布袋名为"乾坤袋"，可大可小，不论是垃圾还是黄金，任何东西都可以装进去，但是拿出来时却空空如也，什么东西也没有，表示这个袋子能无限地容纳任何东西。

包容别人的时候，要将自己想像成一个无底的垃圾桶，才能承受别人的大量垃圾，但要注意的是，不要让别人的垃圾成为你的负担。最好能像布袋和尚的乾坤袋一样，可大可小、包容一切。想要具备这样的能耐，平时可以练习着多为他人设想，少为自己的利益打算，器量就会变得愈来愈大。

真正的柔软

所谓的"柔软心"，是指把自我减低、减少、减轻，不在人际间架设心防，也不为自己设想，心胸全然敞开。所以，凡是自我主见很深、自我中心很强的人，是不可能有柔软心的，而佛法所说的"无心"，事实上就是指最彻底的柔软心。

"无心"的"心"，是指以自我为中心的心，当我们放下这颗自我心时，才能真正变得柔软，否则别人多说你两句，立刻就会武装起来，变得有棱有角，不但无法心平气和地沟通，还很容易受伤。

因此柔软心和佛法所说的"空"息息相关，唯有体会到自我和一切的事物，其本质都是"空"时，心胸才能真的敞开。

培养自己的柔软心，是利人利己的好事，因为如果能够消融自我，遇事时，虽然你还是你，但是不会那么容易被别人的言行举止刺伤。而且你不伤害别人，别人也不会故意伤害你，所以柔软心可以说是对自己与他人的一种保护。

就如《老子》所说："天下莫柔弱于水，而攻坚强者莫之能胜，以其无以易之。"水是天下最柔软的东西，却可以滴水穿石。水没有一定要去的地方，但只要有空隙它就处处都去，而且它的形态不断变化，遇到冷的变成冰，遇到热的变成气，遇到什么就变成什么。虽然一直在改变，但是无论怎么变，它的本质却始终不变，这是因为它始终掌握住自己的原则。

一个真正柔软的人，就像菩萨一样，他只有一个方向，就是帮助所有众生得到利益；只要众生能得到利益，无论要他变成什么都可以。

为了让众生得利益，自己必须变得非常柔软，也就是说会随着众生的因缘而改变自己，但万变不离其宗——即使千变万变也不会改变原有的方向与目标，这才是真正的柔软。

如果一直变化，变到忘却既定的方向，或是丧失原则，那不是真正的柔软，而是人云亦云、随波逐流。而且所谓的"众生有益"，是真的有益，不是存了好心，结果却做了坏事，其间的标准便要以"智慧"来衡量。

此外，"柔软"不是"柔弱"。柔弱的人非常脆弱，很容易因为别人的欺负而受伤害，而且一旦跌倒了就再也不想站起来。但是有柔软心的人，不会受人欺负，因为这种人就像水一样，很有弹性，懂得顺应情况变化，或绕圈、或转弯，即使别人踢他一脚，他倒下来以后，又可以马上站起来，就像不倒翁一样，这就是所谓的"柔能克刚"。

坚强和柔软本质上也是相通的，坚强的人韧性非常高，不容易被挫折打倒。以我自己为例，我的身体很瘦弱，运气很不好，智慧也不够高，但是我永远都循着同一个方向努力。在某些情况下，我可以停下来暂时不走，或是转个弯，不一定要直走，但我一定会朝着同一个方向前进。所以一路走来，走到今天，无论走的是大路还是小路，总算走出一条路来了。

因为柔软，所以坚强

柔软与坚强，两者看起来虽然像是对立的，但却可以同时存在。大部分的人会认为刚硬的东西一定很坚固，但其实刚硬的东西往往最脆弱，即使像金刚钻这般坚硬的物件，也可以用切割钻石的工具将之毁损。所以，最坚硬的通常是最脆弱的，最柔软的反而可能是最坚强的。

因此，真正想要降服敌人、敌国，要凭借的不是武器，也不是战争，而是用和谈的方式沟通，进而以德服人。因为武力只有一时的吓阻作用，并不是常保和平的方法，也绝非真正解决纷争之道，道德感化的力量才是最强大、最深刻的。

这种柔软的坚强，就像大地一样。大地平时很柔软地承载万物，却也是万物最坚强的凭借；就像温柔的女性一样，为了保护她的子女，在非常时刻，也会变得很坚强。所以人们常借大地来歌颂母亲，柔软也成为女性的代名词。

一般人认为女性是温柔的、柔和的，男性应该是刚强的，但是，难道男性就不需要柔软的态度吗？其实，女性过分柔软会流为柔弱，而男性的刚强中却应该带有柔性，如果不够柔软，便不能成为伟大的人物。

以往的中国人强调大男人主义，男人的形象总是比较刚强、威猛的，但从古往今来的例子来看，大丈夫一定同时是非常柔软、坚强的，不只是刚强而已，即所谓"大丈夫能屈能伸"。能屈能伸是大丈夫的特质，小人物因为姿态不够柔软，往往只能伸、不能屈，而真正的大丈夫，都是能够忍受一时的屈辱的，例如，韩信禁得起胯下之辱；越王勾践忍辱偷生、卧薪尝胆，终于成就了大事。他们的表现，是柔软而不是柔弱，是坚强而不是刚强，所以，如果想要真正成就大事，就必须具备柔软温和的坚强。

我们在日常生活中，如何实践这种柔软的坚强呢？那就是，待人要宽容、温和，纵然别人用尖锐刻薄的态度对待你，也不要想着以牙还牙、以眼还眼，要能暂时忍住、包容下来，但也不会因此而被击倒、打败，或是心怀怨恨，而能善尽自己一切的努力，等待因缘转变，这样既保护了自己，也保护了对方。

Chapter 9
化敌为友

　　如果说烦恼是黑暗，智慧就是明灯，当明灯照破黑暗时，黑暗就不见了，所谓"千年暗室，一灯即破"；其实，黑暗原本就不存在，只因为没有明灯，所以才会黑暗。同样的，烦恼本来是不存在的，只因为没有智慧，观念上还会颠倒错乱，才会产生冲突、矛盾和挣扎。

慈悲没有敌人，智慧不起烦恼

我们经常因为受到环境的影响而生气。曾经有人告诉我，有一次他正在气头上时，因为忽然想起我说过的两句话："慈悲没有敌人，智慧不起烦恼"，心中怒火立刻就像被清凉的甘霖浇熄了一样，同时也让他看到了自己待人不够慈悲，没有智慧，所以觉得非常惭愧。

我之所以提出这两句话，是因为佛教本来就主张以慈悲度众生，既然要度众生，怎么还会有敌人呢？当一切众生都是自己要度化、结缘的对象时，自然就不可能把他们视为敌人了。

"敌人"的意思是指彼此势不两立，不是你死，就是我活。譬如情场有情敌、商场有商敌、战场有军敌、政坛有政敌，甚至同事之间，有时候为了要争取较好的职位，彼此竞相表现，希望自己表现最好，其他的人不可以超越自己，而形成敌对的状态。这是人性中的劣根性，也可以说是弱点。

既然知道人性的这项弱点，就要调整自己待人处事的态度，首先要原谅人、同情人、包容人；也就是说，对于不如自己的人，应该包容；比自己好的人，则要向他学习。如果人与人之间能够彼此学习、互为师友，不但自己能够得到成长，对方也会成长。

可惜的是，很多人想不通这一点，无论如何想到的都是自己，不知道替别人着想，看到比自己好的人不放过他，不如自己的人更是欲除之而后快。如此，好的不要，坏的也不要，最后只剩下自己孤家寡人一个，这就是不慈悲，真正的慈悲是一体地对待别人。

慈悲的对象，除了慈悲别人，也要慈悲自己。因为不慈悲自己，会让自己很痛苦。例如，有的人不肯原谅自己，于是就伤害自己。其实做错事，改过就好，若是不断责罚自己，就会一直陷在痛苦之中，这就是对自己不慈悲了。对别人也是一样，如果态度不慈悲，可能就会一再地伤害他人。

"智慧不起烦恼"这句话，则是让人不起烦恼的方法。人在烦恼中纠缠可说是最痛苦的事，因为烦恼就好像是自己在整自己般愚蠢，想要化解，就要运用佛法的空观智慧，有了空观的智慧，烦恼自然就没有了。

如果说烦恼是黑暗，智慧就是明灯，当明灯照破黑暗时，黑暗就不见了，所谓"千年暗室，一灯即破"；其实，黑暗原本就不存在，只因为没有明灯，所以才会黑暗。同样的，烦恼本来是不存在的，只因为没有智慧，观念上还会颠倒错乱，才会产生冲突、矛盾和挣扎。

曾经有人类学家的研究指出，人类最初都来自于非洲，且出于同一脉血源。如果从这个推论来看，正好与佛法所说"众生平等"的观点相通。不过，人类是不是真的都出自同源，并不是重点，重点在于，人类的基本需求和基本心态都是相同的，也就是说，人性是相通的。

既然人的本性是相通的，人类彼此之间便应该守望相助、唇齿相依，能够这样想的话，不但对自己有益，对别人也有益；而对别人有益，便是对自己有益，这就是推己及人的结果，如此一来也就没有所谓的敌人了。没有敌人，就是智慧。

化敌为友最好的方法

在我所提倡的"心五四"运动中，"四感"是与人相处时的四种主张——感恩、感谢、感化、感动。其中，"感动"的意思是指，以智慧来处理事、以慈悲来对待人，以勤勉、谨慎、恭敬、谦虚、宽容的态度，凡事以身作则，自然能够产生力量感动他人。

可是，只要存有想感动别人的念头，心中就一定有特定对象，也会产生期待；一旦期待落空，就会觉得受挫、无奈。但如果只是单纯地帮助他人，心中没有特定的对象，也不在乎做了以后会不会有人感动，只是默默地行善、助人，别人反而会因此受到感动，而跟着一起做。

例如，一般人在下班后或假日，都会去看电影、逛街，或上馆子大吃一顿。可是我们出家人，一年三百六十五天都没有放过一天假；出家人一无所有，没有自己的财产、家属、事业，既不是为了自己的儿孙，也不是要升官发财，只是为了弘法利生的事业而忙碌，这种单纯为了奉献而付出的无私精神，常使许多人受到感动。

可是我的本意并不是要使人感动，因为和尚的本份，就是服务众生，所谓"做一日和尚，撞一日钟"，我只是尽自己的责任而已。我不应该跟一般在家人一样放假出去玩，也不会和别人计较："你们常有假期，我都没有，好可怜哦！"我不但不会这样想，反而会非常感谢大家给我奉献的机会。

我也经常对我的弟子们说："我真是感恩你们！我对你们没有恩，是你们对我有恩。"我对他们的感恩心，是根据佛法的观念而来的，也就是所谓的"三轮体空"——如果没有受者的成就，也不能圆满布施的因缘，所以要感谢他们给我培福的机会。我的弟子听我这么说，心里都非常感动，心想："明明是师父辛辛苦苦地在教我们、帮我们，为什么他还要感恩我们呢？"他们被感动之后，心灵受到启迪而转变，更愿意主动帮忙，发心奉献。

另外，也经常会有人攻击我。虽然被打击时会难过，可是我不会感到怨恨，或是想要报复。相反的，当打击者需要我的协助时，我还是会协助他们，不会借机报复。这样一来，他们便会生起惭愧心，当惭愧心生起时，就是被感动了。

不过，我帮助他们的目的，并不是要感动他们，而是我本来就应该这么做，我只是在实践佛法的精神，而实践佛法的结果，往往会感动他人。

更进一步说，在日常生活中，不要随便为了一点小事，就看这个人不顺眼、看那个人不顺眼，就骂这个人、恨那个人，即使是对方有错，还是要谅解他。有些人尤其无法接受他人的指责，你一骂他，他就会和你结仇。对于这种人，我们不能用斥责的方式来解决问题，也不需再多费口舌和他辩论，只要包容他、慈悲他，和他做朋友就可以了，久而久之他自然就会受到感动，觉得和你作对是不应该的，双方就会从敌人渐渐成为好朋友。

要化解人与人之间的冲突，最有效、最好的方法，就是用佛法的精神感动人。"感动"，真的是化敌为友最好的一种方法。

Chapter 10
工作与心安

　　创业时，三种资源不一定需要同时具备，有的人或许没有资本，可是他有头脑，也有良好的社会关系，同样可以闯出一番事业；更甚者，有人什么都不会，仅仅凭着一股"初生牛犊不畏虎"的勇气就出来创业，也有可能拥有自己的一片天空。

谈年轻人创业

受到中国人"宁为鸡首，不为牛后"观念的影响，很多年轻人刚出社会就跃跃欲试，想一圆老板梦。其实年轻人毕业后马上创业，无可厚非，像美国的地产大亨川普，早在学校时期便已经开始做生意，投资房地产，后来成为一位非常成功的企业家。他成功的因素除了头脑好，脑筋动得快、看得准之外，运气好也是原因之一，因为当时的环境成熟，能够允许他这样做。所以，如果因缘许可，而且自己的眼光又准确，能够一出社会就马上创业是非常好的事。

但是要成就事业，一定要有自己的资源。资源通常可以分成三部分：第一，聪明才智，也就是自己的能力；第二，社会关系；第三，资本。而刚出社会的年轻人，既没有社会关系，也没有资本，仅仅靠头脑及冲劲就想闯出一番天下，是比较容易产生问题的，应该更加谨慎。

因此，对大多数的人而言，我想还是应该先从公司基层做起，脚踏实地，慢慢地累积经验及专业知识，直到成为部门的主管，能够独当一面，有足够的能力、人脉及方法来经营一个事业之后，再考虑出来创业，这样会比较恰当。有许多老板就是出身于大公司的管理阶层，他们在专业领域中已有多年的相关经验，并拥有一定的社会关系网络，具备这些基础后，再出来创业，是比较安全可靠，也是比较踏实的。

创业时，三种资源不一定需要同时具备，有的人或许没有资本，可是他有头脑，也有良好的社会关系，同样可以闯出一番事业；更甚者，有人什么都不会，仅仅凭着一股"初生牛犊不畏虎"的勇气就出来创业，也有可能拥有自己的一片天空。

但是这种运气并非人人都有，佛法中强调因果，个人有个人的福报及因缘，这是由个人在无量过去世所做的功德累积而来，部分在这一生结的果。福报大的人，进入社会后就能常常遇到贵人及好的时机，可能其他人怎么做怎么不顺利，换成他却是一帆风顺，处处有贵人相助。不过，这种情形是可遇而不可求的。

所以，如果初出社会的年轻人，没有丰富的经验、雄厚的财力，而想和朋友合伙，一起投资做生意时，就必须先详加考察这个朋友的能力、信誉是否可靠，一旦所有因素都仔细思量过了，就放手去做。如果还是出了问题，那么也应该释怀，不要难过，那只是自己的福报不够、运气不好，才会不顺利。

此时重要的是保持心理平静，不要着急，事情已发生了，着急也无济于事。再者，要打起精神面对问题，也许公司倒闭，让你不但血本无归，还背负了一大笔债务，那么就要负起责任，想办法偿还之后，继续努力，重新来过，一方面汲取经验，一方面注意时机。经验和时机的累积相加，再配合自己的福报，事业一定会成功。

　　但是如果你每次投资、创业都失败，做得很辛苦又赚不到钱，不但赚不到钱还赔钱的话，那么就不要老是想自己当老板，还是安安分分地找份工作，拿固定的薪水吧！能够有一个安定的生活也就足够了。

工作不只是保住饭碗

什么是现代人应该有的正确、健康的职业道德观念呢？时下有些年轻人，只把职业当成谋生的饭碗，在这种观念的影响下，每当有额外工作时，有些人可能会这么想："反正我现在饭也够吃了，衣服也够穿了，房子也有得住，大不了比别人吃差一点、穿差一点、住差一点，而我也不指望这一辈子能发什么大财，干脆休息算了。"因此要他加班，他不愿意；能够少做一点工作，他就尽量少做；逮到休息的机会，他绝不放弃。

另外，有些人则是从十几、二十几岁开始工作，工作二十到二十五年之后，不过四十来岁就退休了。拿了退休金以后，过起退休生活，开始养老。因为他已经心满意足，觉得钱已经赚得够多，生活还过得去，要那么多钱做什么？工作对他而言，只是为了谋生，既然发不了大财，想升迁也升不上去，就干脆提早退休好了。这种心态，也不是健康的工作观念。

对一个学佛的人而言，工作不仅仅是为了赚取生活费用，也不是为了追求名利，或是希望得到他人的赞叹、嘉奖。工作就是工作，工作本身就是自我生命的责任及权利，也正是生命的意义、价值所在。只要活着一天，就要工作一天，否则，这个人活在世界上就跟毛毛虫一样，不像个人了。

每个人都有他存在的特殊意义，那就是一种努力奉献他人的精神。我常常鼓励许多年届中年的在家居士，如果物质生活已经没有困难，应该利用多余的时间，投身各种公益慈善、社会福利事业的义务工作。付出自己的时间和精力，所得到的是身体及心理的健康；因为在做义工时，我们不忮不求，不为了得到什么，只是单纯地奉献自己。想想看，有那么多人因为你做义工而得到好处、得到帮助，这是多么有价值而令人欢喜的事！

正在工作岗位上努力的人，也应该建立这种观念，不管有没有升迁机会，不管薪水有没有增加、调整，为了自己的身心健康，以及为了服务社会，我们都应该奉献一己之力，尽心工作。奉献不能以薪水多寡来衡量，这一份薪水只是工作所得到的一部分回馈，代表的是人家对我们的感谢，工作的代价绝不能以一小时几块钱来计算的。

工作的目的只是为了奉献、为了服务，如果能以这种心态来从事任何一项工作，一定可以全心投入、全力以赴，会很欢喜乐意地把每一件来到手上的工作都做得很好！

如何面对失业

最近几年来，失业率逐年上升，很多人都说与经济不景气有关。其实，人力需求减少的因素很多，不一定是因为公司经营不善，有些是由于公司转型，从劳力密集的工厂转型为自动化生产的方式。此外，台湾近年来，有很多行业都进行转投资，把公司的重心迁移到国外或是中国大陆，再加上引进外劳，因此造成本地人力需求减少，类似这种情形，还在继续恶化当中。

个人一旦面临失业或减薪，心理与生活的双重压力接踵而来，这时候我们应该如何平衡自己的身心？如何维持家庭生活呢？压力主要不是来自经济上的问题，而是心理上很难平衡。试想被解雇或是被迫提早退休后，即使再度就业，想要得到比原来更高的职位，或是保持像原来职务那样的地位和薪水，可能不容易，这时心理的调适就相当重要。

事实上，遇到失业这种事时，徒然难过是没有用的，只有接受既成的事实，才可能进而调整自己的心态：只要还能够活下去，好好地过日子，也就心满意足了。今天这个世界，大概找不到人类无法存活的社会环境，特别是台湾社会，只要勤勉便有工作。不管是什么样的工作，以你的劳力、头脑以及技术来换取生活费、维持生活，不要太在意过去、现在的差别。

如果孩子都已经长大成人，经济上不再那么窘迫，家庭生活需求也不用愁了，这时对就业的第二春显得意兴阑珊，那么，还有另外一件事情可以考虑去做，那就是做义工。

做义工就是到非营利事业机构去做义务的工作，譬如我们法鼓山就需要各式各样的义工来服务。义工在这里可分为两种。一种是专职义工，全天候、全时间的服务，像普通工作者一样上下班，一样负责某一部分或是某一个项目的工作，和一般公司机关的受薪人员没有什么两样，所不同的只是不领薪水。另外一种是在一个月、一星期之中拨出几天，或是一天之中来工作几个小时，同样是义务性质、发心奉献、不领薪水的。法鼓山体系需要很多这样的义工，我们很高兴、很感恩，目前已经有不少人参与。

许多人在退休后整天无所事事，日子过得百无聊赖，觉得自己好像是个废物、没有用，感到失去生命的意义及价值；做义工，能够使人保持身体健康，觉得自己对社会还是很有贡献，会很有成就感，生活过得非常充实、非常有意义，特别是心态上，做义工要比受薪的感觉更愉快。

所以，我鼓励中年失业的人，不要轻易沮丧绝望，如果仍然需要工作，那么便去找一份工作，只要足够维持生活就可以了；如果不需要工作收入，可以选择到法鼓山，或是其他非营利事业单位做义工，生活还是可以经营得相当精彩。

工作与休闲

近年来有些提倡重视休闲生活的人士认为，不要因过度认真、全神贯注于工作，就像在用生命去换取金钱，因而失掉了身心的平安。我们确实在社会上看到有两种人，一种是贪得无厌，希望追求成功再成功，希望赚钱再赚钱，欲望无限扩大着；一种则是对工作没有企图心、上进心，只重视自己的生活。

但我们要试着厘清，有的人得少为足，有的人知足常乐，这两者是不一样的。得少为足是得到一点点就以为已经够了，知足常乐是多也知足少也知足，能多得很好，少得一点也很好，不要让自己痛苦，也不让他人受到损害，这就叫知足常乐，而不是得少为足。

得少为足是不求上进，譬如今天看了一本工作专业的书，看完以后就完全不看其他的书了，这样是不行的，因为有的书可以看快一点，有的书要看慢一点，不能说看一本就够了，通过阅读增长工作上的专业知识和能力是永无止境的。

一个人如果拼命赚钱，不择手段地追求成功与财富而没有限度，一心一意只希望能够变成地方上的首富、区域性的首富、国家的首富、世界的首富，这样欲望就没有止境了。追求这样的梦想是很痛苦的，也会非常紧张，因为得到以后又怕失去，失去后又想把它抓回来，有点像是赌徒，希望把人家口袋里的钱全部变成自己的，输了希望能赢，赢了希望再赢，永远不满足。

想要获得愉快的生活，必须要能够懂得知足，这样就能知足常乐。而我们也要知道如何适度地享受悠闲，每天要有适度的空间，让头脑能够休息放松。

有些人头脑休息，但是身体还是可以运动，不过如果是身体休息，头脑没有休息，那就不算是休闲了，必须要放松头脑，让脑神经休息，身体神经休息。譬如喝茶时享受那种淡淡的轻松气氛，或者和朋友天南地北不需要花太多心思地谈谈天，让头脑、身体都放松。

休闲也并不等于睡觉，西方人喜欢去咖啡厅，他们不是在那里睡觉，而是在享受那份悠闲，这时候头脑是轻松的，身体并不是在睡觉，所以这不是偷懒，而是在调整自己的身心步调。

中国也有一些人喜欢附庸风雅，常常坐在茶馆里喝茶，一喝就好几个小时。悠闲要恰到好处，长时间泡在茶馆里，那就是无聊了。中国大陆过去有些人习惯提着鸟笼，整天就是白天遛鸟、泡茶馆，晚上回去睡觉，这对社会来讲，其实是很浪费的。有些人则是工作的时候拼命工作，喝茶的时候拼命喝茶，这都是需要调整的。我们应当学习有些人的工作与休闲态度，亦即可以悠悠闲闲地生活，但是工作的时候还是很努力地工作。

争取时间，活在当下

在竞争激烈、分秒必争的压力下，时间对现代人的重要性相对提升。但在不稳定的环境中，突发情况日益增多，受到内在和外在因素的相互干扰，时间被分割得支离破碎，无形中，使我们感受到更大的压力。

现代人的生活和两三百年前大不相同，过去的人头脑单纯，读书人满脑子四书五经、古代历史，其他人顶多知道一些当地的小事情，能活上几十年，他们就觉得相当长了。但是对现代人来说，总觉得时间太短，因为现在传播媒介多样化，经由报纸、电视广播、网络等媒体，全球每天发生大大小小的事情，我们都能在最短的时间内获知，成为我们知识和资讯的一部分，新事物不断增多，现象层出不穷，永远看不完、学不完，感觉上环境愈来愈小，接触的层面愈来愈复杂，时间却永远不够支配。

此外，资讯爆炸的结果，使我们的头脑充斥着各式各样的人、事、物，令人应接不暇。本来知识愈丰富，观察力愈敏锐，应该更能够做出正确的判断,其实不然,这些不相干的资讯,在思考与行动时,反而成为干扰,导致犹豫困惑,不知该如何决定,如此一来,又浪费许多宝贵的时间。尤其是处理切身问题时,例如职业的选择,乃至于交往对象等,常常是当局者迷,很难做出适当的选择,在时间紧迫的情况下,反而仓促下决定,抱着碰运气试试看的心态。

所以,在时间的运用上我们有许多功课要学习,几乎每一个人都是忙人,即使是没有工作的人也有日常的琐事要忙,每个人不但身体忙,头脑也忙得不可开交,时间当然不够用。

我曾经提出一种理念:"忙人时间最多",也就是说,我们尽量在有限的时间内,恰到好处地运用,而不浪费时间。即使从早到晚必须分秒必争,也要争得恰到好处。

譬如遇到塞车时,车子陷在车阵中动弹不得,要怎么争取时间呢?这时候,你还有头脑的空间可以争取,反正已经困在车阵中了,焦急也没有用,正好利用这个时间好好放松身体,让头脑得到充分的休息。有些人缺乏这种观念,不但心里着急,更糟糕的是怒气冲冲影响情绪,这是何苦呢?既然连塞车的时间也可以好好运用,我们更应该利用所有能够运用的时间,即使是在最忙碌的时候。

禅法教导我们要活在当下、承担责任,这可以说是时间管理的另一种诠释,"当下"就是最好的时段,保持头脑清楚,好好地欣赏它、享受它、运用它,这是最合算的。也就是说,吃饭的时候专心吃饭,不要胡思乱想;看书的时候,脑海里就不要围绕着连续剧情节打转;与别人谈话,要注意对方在说些什么,不要分心想着刚刚看过的电影,否则同样的话讲了两遍,你还听不清楚,要求他再重复一遍，不但浪费彼此的时间，也是对人不尊重、不礼貌。

　　尽管要争取时间、活在当下，还是要找出时间休息，否则身体会负荷不了。唯有如此，我们才会觉得有充分的时间，而且还能活得很精彩、很有意义。

工作安全与身心安稳

台湾的公共意外和工作意外非常多，报纸上经常见到意外发生的消息，所造成的人命和财物损失令人惋惜。

所谓意外，就是没有想到、没有考虑到的事突然发生了。其实，只要有动作，就可能有意外，任何一个心慌意乱的失误都可以导致意外。如果我们平时不那么慌慌张张，保持心平气和，头脑比较清楚一点，发生意外的可能性也会相对减少。

不过，有些状况并不是工作者个人所能掌控的，其中牵涉到整体工程的问题。譬如说一个总负责人，必须负责整个工程或是这个工作环境的安全，他一定要先考虑到大众的安全，才能够未雨绸缪，不让任何意外发生。所以，公共安全一定是先做整体安全制度规划，然后才有局部安全设施防范，最后才是个人安全保障，想完全靠个人来维持安全是很困难的。

以法鼓山为例，我们的工地因为一直很注重公共安全设施，从建设到完成都没有发生过意外。我们首先要求厂商，不仅要做好工作时的安全设施，还要在事前考量各项安全上的顾虑。安全设施严谨地做好之后，还要要求工作人员一定要在安全的系数下工作，也就是说如果基于种种判断，认为安全上可能有问题，就绝对不能进行。这样一层一层、从上到下的周密要求都做到了之后，还需要办理保险，因为投保是安全的最后保障。

另外，在法鼓山服务的人，我们还间接或直接使他们感受到佛法的气息以及信仰的重要，并试着和他们分享法鼓山的精神和理念。在佛法的理念之下工作，虽然一样非常地勤奋劳苦，也常常会赶工，但是心情是愉快的。因为有一股信仰在支持，就算要加班，心情还是欢喜的，在欢喜和心甘情愿的情形下从事工作，必然是比较安全的。

如果只知埋头苦干，没有共同的理念或大方向，工作一忙的时候，内心就不那么踏实、不那么舒服，安全系数也会降低许多。很多意外就是因为心浮气躁所产生的，如果能够心平气和，就可以按部就班，不但做事品质会比较好，身心也会比较平安。

还有一种现象也容易肇事，那就是工作态度马马虎虎，赶了、急了、慌了，心不在工作上，老想着其他的事，或是太累了，却还勉强要把工作赶出来。我建议工作中的人，心里要很平实地知道自己在做什么，不要胡思乱想，要心无二用。

佛经里有一句话说："置心一处，无事不办。""置心一处"就是让心安定，心安定的时候，做任何事情都可以做得很好。所以，希望大家在精神上有所安顿，并感受到工作是愉快、值得的。工作的成就感，不一定来自金钱或是名利，而是来自于自我完成的功德。这种精神就像是过去的革命家，胸怀着革命的种子，为了崇高的目标，心悦诚服、心甘情愿地投入改革建设，无怨无悔。

　　工作的确需要有目标，但这个目标应该不仅止于财富和名利、权势，而是属于精神上的利他信念，这可以帮助我们在工作中身心安稳，保有安全。

Chapter 11

办公室哲学

　　我常常鼓励人，想做一个最好的领导者，就不要以领导者自居。一个最好的领导者，是接受大家领导的人；一个最好的领导者，就是为大家指出正确道路的人。但此正确道路并不能强迫大家接受，必须争取大家的认同，如果有歧见，可以集思广益，考虑大众的需求，再加以修正，找出真正的方向，使大家有路可遁，朝着共同的目标前进。

办公室哲学

通常，一个办公室里总是有不同部门的人在一起工作，每个人各司其职，以分工的方式运作。分工并不等于互不往来，而是一种互补，有时可能你做得多一些，我做得少一些，或是我做得多一些，他做得少一点。

虽然我的职场经验不足，但是从佛法的立场来看，不管在什么样的情况或是环境下，人与人之间的相处关系都是相通的，所以不一定是在办公室，即使是在寺院里，相处上都可能会发生一些问题，遇到这种情形，要如何取得共识，顺利协调呢？

这可以分成两方面来谈，一是制度，一是彼此之间相处的心态。以心态来说，人与人之间不可能完全没有比较心，有些人看到别人做得比较多、比较好，便在旁边说风凉话："奇怪，大家都没有做那么多、那么好，你为什么要这么做呢？"这就是因比较而产生的嫉妒心。如果还在背后指指点点，传到当事人的耳里，更让人觉得不舒服。

这种爱说风凉话的人，有时自己多做了一些，也会很不服气、很不甘愿，心想："大家拿同样的薪水，为什么他的工作量就比我的工作量少？"这就是爱计较。如果习惯经常和他人比较，便会给自己和他人带来极大的困扰。同样地，在同一个家庭里的兄弟姊妹也会有类似情形，有的子女非常乖巧，会自动自发帮忙，有些不但不为家里分忧解劳，还调皮捣蛋，让父母伤透了脑筋。

事实上，在任何环境下，都会有一些人能力特别强，也会有一些人能力比较差，有能力的人就应该多付出一些，不可以在一旁冷眼旁观，等到别人做错时，才嘲笑他自不量力。还有很多人眼高手低，自己不做事，专门指使他人去做，等他人做完后却大肆批评，这就更加不对了。

此外，喜欢拍马屁的人也不受人欢迎，他们专门在老板面前打转，说些好听、漂亮的台面话，竭尽所能地恭维、奉承老板，做一些表面工夫。糟糕的是，老板大多有盲点，无法看清事实真相，眼中只看到这个人的"忠心"。如果你恰好是那个很乖、很努力、很认真工作，却不会做表面工夫的人，只因为不会表现自己，没让老板看到你的工作情形，以致于眼睁睁地看着自己辛辛苦苦的工作成果被他人占为己有。遇到这种情形，该怎么办呢？

站在佛教因果的立场来说，我们忠心耿耿地把事情完成，不一定要老板知道，也不一定要博得赞赏，也许当初的动机只是为了替老板赚钱，但是赚到钱的同时，我们也为整个团体、整个社会做了一些贡献，这也就足够了。

不仅事情要做好，人的本分也要做好，不要在乎别人看不看得见你，与同事相处则要尽心尽力，要为他人、为老板、为公司设想，不和别人计较。最重要的是：忠心忠诚地努力，至于他人的表现如何则不要放在心上，如果能这样做，至少是把人的本分做好了。

办公室的饶舌与中伤

虽然每个人都知道，妄言、绮语、恶口、两舌，对人对己都有伤害，应该加以避免，办公室里却仍然常常发生言语暴力。出口伤人的原因也许是希望他人失败，或是为了自己的利益，防止别人占到便宜，特别是出现人事空缺时，竞争者为了自己的升迁，有可能会利用种种不正当的手段造谣、中伤、讽刺来破坏对方，不让别人有和自己竞争的机会。

此外，任何一个单位只要员工人数多时，一定会有几个比较谈得来的同事，经常聚在一起互吐苦水，或是一起批评其他同事，这样也是一种"饶舌"。那些被批评的人应该要有大事化小事、小事化无事的智慧，以及不计较事情得失的胸襟。如果能充耳不闻、一笑置之，事情大概就不会继续恶化。否则，意见相左的两边变得壁垒分明，形成两个阵容来互相对立、互相斗争时，公司的运作就会变得很糟糕。

而中伤则是一种挑拨，属于"饶舌"，也可说是"妄语"。以一个佛教徒来说，这是不道德的事。我们自己的工作态度要脚踏实地、实事求是，不可用不正当，甚至是卑鄙可恶的手段来达成争名逐利的目的。可是，如果不幸遇到这种人，受到了恶意中伤，应该如何处理呢？

首先要看老板是不是贤明公正。一个贤明的上级主管应该可以看出谁在恶意中伤、谁在拍马屁，他会知道应该任用哪一个人；反之，如果不贤明，他就会喜欢听恶意、中伤的话，分辨不出消息真假。如果你还想继续留在公司，不妨就把问题交给时间去解决，等到时机成熟，事情就会水落石出，等老板发现事实的真相后，知道过去是他人故意栽赃你，他就会回心转意，调整回你的职位。

如果老板一次次都认事不明、分辨不清，又该怎么办？不妨先退一步想，考虑收入的问题，辞职后如果会影响家计，造成经济上的困难，那么就先暂时忍耐，因为目前老板就是这样，怎么讲也讲不清楚。假设有另外的公司想要聘请你，可以试试看，也许这就是你的另一个起点；如果暂时没有机会，而生活还过得去，那就等待时机，再找其他的工作。

除此以外，我们还可以怎么应对？其实自己还是可以用比较豁达大度的心来看待中伤事件。从修行的角度来看，讲坏话的是他不是我，他再如何说我怎么坏，也只是他的看法而不是真正的我，那我就不必这么生气。如果能有这样的修养，就不会被谣言击倒。

竞争与较量

一般人所了解的竞争，就是要把别人拥有而自己没有的东西抢夺过来，让它变成自己的，但这是"动物性的竞争"。人类的竞争应该是：如果自己没有，就要另外想合理的办法拥有，而不是去抢夺别人的努力成果；非但如此，还要设法让大家都能享有，甚至拥有更好的东西。这是一种积极的菩萨精神，优于一般所谓的"竞争"心态，可以称为"良性竞争"，是一种合理、公开、公平的竞争。竞争的目的，不是为了要让自己成功而打倒他人，而是他人做得不够好的地方，自己要做得更好，还要比他人做更多的贡献。

佛法并不反对良性竞争，但是佛教徒的人生态度，常被人误解是消极的，就连一些佛教徒本身也有这种错误的观念。有位母亲因为儿子很懒惰，不喜欢读书求上进，天天玩游戏，就责骂他说："你真是没出息，像你这么懒散，我要把你送去寺里当和尚！"她的儿子听了之后，还真的跑到我们寺里来，他以为当了和尚就可以整天无所事事，并认为不想读书、不想做事，只想玩耍的人，最适合做和尚了。

其实，像我这样的和尚是忙得不得了，从小到现在每天都在忙，我不是忙着抢别人的钱、抢别人的名位，非但不抢，我还要使他人变得有钱、有名、有地位，也要使人们更有学问，能够得到幸福。这不是为自己争取，而是为大家奉献；但同样都需要努力、需要付出代价。

最初，我并没有想到要出名，也没想到要在大众媒体上说法广为人知，但是因为努力的结果，地位自然来到，名气自然出现，许多利益也随之而来。但我不会独占利益，会再把它分享出去，就像滚雪球一样愈滚愈大。利益不是我一个人私有，而是变成大家的，这才是竞争的真义。

在许多佛经中，例如《法华经》、《地藏经》、《金刚经》里，都曾出现过"较量"的观念。较量的意思就是：做这件事比那件事好、这个功德比那个功德大、这样的身份比那样的身份更好。推究起来，这就是竞争，但不是与他人争战，而是自己与自己竞争。这样做不是为了凸显自己，也不需要和他人打得头破血流，而是一种力量的发挥；这种竞争不仅使社会大众得到利益，同时也是一种自我的陶冶与训练，可以帮助自己成长得更快速、更健康，也更健全。

在佛教里，这种与自我的竞争称为"精进"，是永远努力不懈怠，要以自己的力量来生产、制造，以取得更多对他人有益的资源。所以，不要误会竞争就是自私的，也不要误解竞争就是抢夺、斗争、诈骗，否则，非但对自己无益，对他人来讲也有伤慈悲，我们应该做良性的竞争，为争取大众的福祉而精进努力。

合作与服从

现代社会，大部分的人会用"合作"来取代"服从"这两个字，例如警察侦讯嫌疑犯时，虽然希望他能自己承认是否做了坏事，但是不能命令人，只能请对方合作，配合警察机构的调查需要来填写资料和报告，通过合作能避免问题更加复杂。

现在很多的主管或长官，对他的部下和职员也会这样讲："请你们大家配合"、"请你们大家合作"。实际上，他是一个命令或是一个指示，但一定要这样表态，这就把合作和服从的定义模糊了。

是不是服从就是合作，合作就是服从？服从与合作之间究竟有什么不同？服从是属于阶级性的从属关系，上对下是命令，下对上则是服从；服从也是属于少数和多数的互动关系，少数人必须服从多数人的表决，当少数人的意见不能够为大众接受时，就只有面对现实，服从多数人的意见。但在事实上，现在有很多的人是用合作这个名词要求别人服从，或是把合作误解成服从。其实合作真正的意思，是希望通过大家共同的努力，来完成共同需要的、希望的目的或事业，你提供你有的、我提供我有的，例如我出钱、你出力，或是我出力出钱、你出主意，共同成就一件事，这样彼此互相配合就叫做合作。

此外，或是说我做这一部分，你做那一部分，我们朝一个共同目标来分工合作。就像是工厂里的各种部门，分别负责做成各式各样的零件，最后组合成一样机器或是一件衣服，这也是分工合作。

无论是在一个家庭里、一个社团里或是在社会里，大家都需要合作。合作一定要有技巧，要有沟通协调的过程，因为人与人之间，你想你的、我想我的，一定有所差异，因此需要沟通想法，沟通以后才能够互相谅解，才可以折衷地选择两方面的意见，如果双方都坚持己见，那就不能合作了。

协调沟通之余，还需要适时地妥协，妥协就是让步，如果各有坚持、互不让步，一定会引发冲突，很容易变成没办法收拾的局面。如果这种冲突发生在家里，就可能导致离婚；发生在公司，则可能使部门间产生分裂了。

所以，除了顾全大局之外，还要懂得妥协。因为你不容易让步，那我只好先妥协了，当你渐渐了解我其实是妥协求全，也许你就能够体谅我，那时候我再慢慢转变你，让你了解我的意见也不错，这样就又能够合作了。所以，合作是一种协调，服从则是命令，其间是大有差别的。

最好的领导

团体的领导者有两种类型：一种是权威型，在他的领导下，部属多半敢怒不敢言，不敢不接受领导，因为不服从的话，也许就会保不住工作饭碗，甚至有生命危险，所以表面上他还是领导得很好，但实质上部属是口服心不服。

另外一种则是自然形成的领导人物，这种人能够受人恭敬、尊重与拥护，但这并不是因为他有权威，而是因为他能够帮助别人，并且认同、尊重其他的人，使一盘散沙凝聚在一起。这种领导者的沟通协调能力很强，也有极大的感化力与感动力，所以能够慑服、带动团体，让多头马车共同朝一个大方向前进，这也就是民主式的领导。

以儿童的世界为例，有的孩子王是因为力气大、块头大、声音响、姿态强，所以每个小孩都怕他，只要他一声吆喝，大家都要服从，接受他的领导，这种就是权威型的领导者。另外，有的小孩能够担任沟通协调的工作，照顾其他的人，所以孩子们觉得跟他相处很安全，整天都喜欢跟他玩在一起，自然而然就会以他为领导中心。

佛教里的释迦牟尼佛是一个最好的民主式领导者，他不用权威、神权来恐吓人，也不用军权来威胁、慑服人，而是用慈悲与智慧，为所有的人带来平安与智慧，因此，大家都聚集到他的座下，接受他的领导。可是他始终都很谦虚地说自己不领众，这意思是说：我不是领导人，我也是大众之中的一份子，接受大家的领导，只不过因为想到一个团体需要共同的生活规律、原则及方向，所以才提出建议，因为大家的认同，才聚集在一起。你们来了之后，不受任何约束及勉强，能接受此一原则及规律的就留下来，不愿意的人也可以随时离开。

在这种自由地来、自由地去的情况下，释迦牟尼佛的弟子却愈来愈多，形成一股不可阻挡的趋势，所有的人都主动来接受他的领导。他是以佛法为师，用佛法领导大众，而不是为了满足个人崇拜的欲望而强迫所有人把他当成领袖。

因此，我常常鼓励人，想做一个最好的领导者，就不要以领导者自居。一个最好的领导者，是接受大家领导的人；一个最好的领导者，就是为大家指出正确道路的人。但此正确道路并不能强迫大家接受，必须争取大家的认同，如果有歧见，可以集思广益，考虑大众的需求，再加以修正，找出真正的方向，使大家有路可循，朝着共同的目标前进。

如果不想只做形式上的领袖，就要以大家共同形成的观念、生活方式等来领导；能促成团体互信互敬的人，才是最好的领导者，而且永远不会被人推翻。这样，即使下台或过世，他仍然是这个团体的精神领导中心，是许多后人的永恒标杆。

Chapter 12

永远给自己一个希望

大雨天，你说雨总是会停的；大风天，你说风总是会转向的；天黑了，你说明天依然是会天亮的，这就是心中有希望，有希望就有平安，也就有未来。

人生的五种关卡

大致上说，人生的关卡有五种：第一是生活的问题，第二是感情的问题，第三是失业的问题，第四是健康的问题，最后是生死的问题。

人最基本的需求，就是要糊口，一个家庭之中，上有父母，下有儿女，如果作为家中经济支柱的人病倒了，又没有银行存款或经济后盾和资源，生活就成了问题！

情感也是生命的基本需求。希望有下一代的传承，因此要恋爱、要结婚，但是人与人之间的感情很微妙，并非男未娶、女未嫁的两个人，就可以在一起结婚了。

曾经有一个老太太的女儿要嫁人，老太太不同意，结果她跑来跟我说："我的女儿很不孝顺，她要嫁给一个我不喜欢的人。"后来，她的儿子要娶媳妇，她也不喜欢女方。儿女分别结婚后，这位母亲就和儿女断绝关系，直到孙子出生了，老太太又来跟我讲："孙子是我儿子的，外孙是女儿的，我都要；但是女婿、媳妇，我不要。"

我告诉她："结婚是儿女的事，不是你非管不可的事。佛教徒是让人欢喜的，要慈悲喜舍，把你的女儿舍给女婿，把儿子舍给媳妇，不就快乐了?"她听了我的话，现在全家过得非常和乐。

很多人都知道男女之间的关系叫因缘，却不知如何解释"因缘"两个字。其实，因缘是互相的，相互共同努力才成因缘，只有因没有缘，是无法建立情感的。

第三是失业的问题。高失业率是今日全球性的普遍现象，如果失业了还有饭吃，不影响生计，还不至于痛苦。失业后可以试着找其他工作；或者做一些非营利性质的工作，像是当义工或志工；也可以趁机多学点技艺，总是会有事情做的。

第四是有关健康的问题。影响健康的因素，有身体的、环境的，也有心理的，假如因为环境不好，导致身体有病痛，可是心理非常健康，那还算是健康的人；但如果因此感到不幸福、痛苦，埋怨社会不公平，就是心理不健康。

在中文里，"痛苦"两个字通常连在一起，好像说会痛就会苦。事实上，痛是生理现象，苦是心理现象，痛不一定会苦。心理不快乐、不平衡，所以会苦，可能连带也使生理机能害病；而有的人虽然身体不好，但是心理很健康，这样的人也不会影响自己的生命品质。如果身体健康，心理却不平衡、不健康，就会影响到自己，甚至连累到周遭其他人。

第五是生死问题。凡是有出生，就注定会死亡，如不能面对这个事实，便是生命中最大的关卡：如果能将死亡视为永恒时空中的一个片段，死亡并不等于生命的中断，而是另一个起点，更是充满希望的开始，就不会成为关卡了。

心安就有平安

如何能够平安？首先是心要能安定，才能得平安。

现在请诸位坐下来，放轻松，脸上带一点微笑，把手非常轻松地平放在膝盖上，手臂不要用力，然后听你的呼吸从鼻孔出入的感觉，头脑里不要思考任何事情。享受你的呼吸，体验你的呼吸就是你的生命，你生命的全部就是呼吸，所以要享受自己的生命、体验自己的生命、拥有自己的生命。

想安自己的心，只要体验呼吸、放松身心，我们就会身心平安，这是每一个人随时都可以用的方法。其实将这样的方法传授给诸位之后，接下来要不要演讲都没有关系，因为如果你随时都能够安心、平安，还要听我讲什么？

打从内心祝福自己、祝福别人

平安就是最大的幸福，这么说应该没有人反对。小自个人的身心、家庭、工作、事业，大到所处的社会、国家，乃至于全世界整体的环境，都希望能够平安与幸福。其实每一个人都会祝福别人平安，譬如当我们出门的时候，家人或朋友会说："祝福你平安！"然而，这是不是真的有用，并不是问题。

许多人认为我这个老和尚有修行，让我祝福一下，好像比较灵验一点，功德比较大一点。所以，许多人身体不好，就希望请老和尚来为他们祝福一下，但是我有点怀疑：我的祝福真的比你们的祝福有用吗？

有一对年轻的夫妇请我祝福他们婚姻幸福，我对他们说："祝福你们婚姻幸福！"可是他们一回去就吵了架，然后打电话给我："师父，您的祝福没有用，我们回来以后还是吵架。"我回答说："我没有说我的祝福一定有用，那是你们迷信；祝福以后，你们自己爱吵架，我有什么办法！"

平安要靠自己。在宗教场合里，无论是请宗教师，或是请神、佛、菩萨为我们祝福，这在心理上虽然有用，可是最可靠的，还是要自己从内心做起。除了希望别人祝福，我们也要祝福自己，当你要生气、要和别人吵架的时候，告诉自己不要这么做。像上述的夫妻俩明明希望不要吵架，为什么还要吵？将幸福交给一个老和尚，自己却没有经营自己的幸福，这是很颠倒、很奇怪的事，可是社会上有很多就是这样的人。

处处都有平安，也处处都不平安

请问，在我们这个世界上，什么地方有平安？我本来今年（二○○三年）四月就要到温哥华来，可是当时台湾正流行 SARS 疫情，所以温哥华当局拒绝说："师父，您最好不要来，不要把'杀死'带到温哥华。"其实我并没感染 SARS 啊！

最近我前往中东地区，行前许多人告诉我："圣严法师，您什么地方都可以去，可是中东不能去，因为那个地方随时都有炸弹。您年龄这么大了，不要去送死！"我说："如果应该死在中东，也很好，因为那边是圣地。犹太人相信那里是距离天堂最近的地方。"等我去了中东以后，发现以色列、巴基斯坦的人民都非常紧张，但是我不紧张，因为我不觉得有那么危险。而我到达的那几天，当地没有发生什么意外事件，所以他们对我说："您把平安带来了！"真的是这样吗？

中国有两句谚语，第一句是"出门要冒三分险"，意思是出门在外，本来就有危险；第二句则是"人在家中卧，祸从天上来"，我们不论出门也好，在家里也好，没有一个地方是真正平安的。这该怎么办？是不是每天都紧张得不得了，不能过日子了？其实无论出门也好，在家也好，"心安"就有"平安"。因为一个人情绪波动的时候，会影响其他的人，所以当自己的情绪不稳时，自己就是处在最危险的状况下；而当自己的情绪很安定、心情非常平衡时，才是最安全的时候，连带身旁的整个环境都是安全的。

事实上，这世间是处处都有平安，也处处都不平安。所谓"处处都有平安"，是因为如果你的心理状况是平安的，当你遇到任何状况发生，都不会受到太大的影响。在发生了大灾难，受到很大的损失，甚至是家里有人因此而死亡的状况下，就一定是不平安吗？不一定。只要我们心里有一个正确的观念——这个世界上，不如意的事情十之八九；另外，还要有一个心理准备——人的生命随时是面临着死亡与危机。大家听了以后不要觉得："这老和尚触我霉头，还这么年轻就叫我们面对死亡。"就是因为我们不敢面对死亡这个事实，所以对死亡非常恐惧。其实恐惧死亡的人，反而可能死亡的机率比较高；如果能够面对死亡，随时随地准备着可能死亡的状况，这样一来，死亡的可能性就会减少，为什么？因为我们未雨绸缪，已经有了安全的准备。有许多危险和意外，都是因为没有事先预防，心理没有准备，没有意料到，所以成为意外。

有记者问我："现在温哥华有好多青少年飙车，发生车祸，甚至撞死人，该怎么办？"这是因为还不到二十岁的孩子，不知道有死亡这回事，更没有想到死亡也会临到他们头上，所以没有预防的心理准备，他们出的纰漏会比较大，死亡的可能性也就比较高了。

因此，有以下两种危险的状况：一种是害怕死亡，另一种则是不知道有死亡。最好的办法是：第一，心理上随时准备面临可能的生命危机在我们面前发生；第二，做好无常的预防，即是危险的事不要碰，或者如何让事情的危险性减到最低。这都是可以做得到的，担心没有用，应该要小心、用心。更重要的是安心，因为心安的话，我们就可能避免危机的发生了。

平安的关键在于内心

平安，似乎与环境有很大的关系，好像不平安都是环境带给我们的。其实，虽然有环境的因素，但主要仍是取决于我们自己的内心。内心又分成几个部分：一种是情绪和情感；另一种是精神和观念。之前所说的是观念，所用的方法则能帮助我们平定情绪和情感；之后，我们的精神会提升，观念也会比较清楚。这时，无论是外在的社会环境也好，自然的环境也好，都不能影响我们，而我们却能够反过来影响社会环境与自然环境。

台湾曾经发生"九二一"大地震，震后整个台湾两千三百万人都非常恐惧，而且担心着随时还有大地震发生，因为余震仍然震个不停，让大家很恐慌。后来我说了非常简单的几句话："受苦受难的是大菩萨，救苦救难的是菩萨。灾难是整体台湾的，但是少数的人代替我们受难，所以这些人是菩萨现身说法，做为我们的教材，使我们从此随时随地都有地震再来的准备。"此外，我又提出："大地震发生之后，不可能连续不断地再发生同样规模的地震，应该发生的已经发生，不会发生的也不可能再度发生了。"虽然不能说人人都受到了启发，但是这几句话的影响力也相当大，甚至当时的政治人物，也重复用这几句话来告诉大家，让人心安定下来。当时我自己的心情安定，所以才能说出这些话来。你不要认为："这是圣严老和尚有这个本领，我们当然没有办法。"事实上，只要你愿意，每一个人都可以做得到。

每天练习安心的方法

最好的方法，是每天都练习安心的方法，譬如在演讲一开始教道诸位的方法，或者是以下的方法：如果是信仰佛教的人，每天早上起来的时候，先在佛菩萨前做祈愿或是礼拜，然后打从心里诚恳地念几句佛菩萨圣号，这时你的心里是平静、安静的，出门以后，也还是有佛菩萨的圣号在心里。你也可以随时随地体验呼吸，当你有一点身心状况的时候，只要体验一下呼吸，你的心马上就能安定下来，如此一来，你自己是平安的，与你相处的人也会受到影响。如果你家里有五个人，其中只要有一个人有这种工夫，保证你一家人平安；如果你拜佛、祈愿、念佛菩萨圣号，旁边的人即使在吵架、打架，可能他们吵闹的声音也会小一点，为什么？因为你在念佛，不好意思打扰你。所以，你一个人就能影响周遭的环境。

让境随心转

我去以色列、耶路撒冷的时候，因为当地只有天主教、犹太教，所以我只好住在天主教的教堂里。我注意到有一位神父，人非常好，对每个人都非常客气与关心，尽管我不认识他，但是他主动跟我打招呼："师父，我认识你，你是非常好的人！"我想："奇怪，他怎么认识我呢？"我的弟子认为可能是他曾经见过我，但是我怎么想也想不出曾经见过他。后来有一天，我看见他一个人在祈祷室里祷告，等他祷告完，我问他："你在做什么？"他说："我在祈愿。"我又问他："祈愿什么？"他说："为了平安。"我说："你为谁祈愿平安？"他说："为了每一个人。"原来他祈愿不是为自己，而是为所有的人。这位神父看起来总是那么地欢喜，对每一个人那么地友善，原因就是他经常为人们祈愿平安。

这即是佛经里面所说的"心净国土净"，以及心不随境转而境随心转——自己的心是平安的，看到任何人都是友善的，看到这个世界也是平安的。本来他是一个天主教的神父，而我是一个佛教的和尚，应该是道不同不相为谋，彼此互不相干，但他却觉得我像是他的老朋友一样。我是不是也这样对他呢？我相信我也是！我对任何一个人都不会去区别他是不是佛教徒。我见到每一个人都觉得他是好人。天下没有坏人，人常常是好的，只是有时候做了坏事。

曾经有一个人杀人后坐了牢，他在监狱里面写了一封信给我：

"我这个罪孽特别重的人，佛可能不会再救我了，我只有到地狱的机会，因为天堂不要我，佛国净土也不要我！"我回给他一封信："天堂、地狱都在于我们的心，当你的心非常烦恼、非常痛苦时，你就会觉得到了地狱；当你的心非常愉快、非常慈悲，那你一定是在天堂里；如果再加上智慧，那你就进佛国了。虽然你一念错误杀了人，但那是过去的事，现在只要你一念转过来，便是放下屠刀，立地成佛！"

禅的观念——相信因果与因缘

我是用禅修的观念与方法来帮助人安心，而在演讲一开始所引导的方法，则是禅修方法的入门。禅的观念，是一定要相信因果和因缘；禅的方法，则一定要修禅定和智慧。

所谓"因果"，要从无量无数的过去世与无量无数的未来世说起。在我们尚未解脱之前，都曾经造了许多的"业"，也就是行为，好的行为一定有好的果报，恶的行为则一定有不好的果报。因此，我们现在受到的果报是过去所造作的，现在所造作的则是未来要受的果报。如果解脱了，那就与因果没有关系，即使是杀人犯，如果真得了解脱，那就与他的罪恶没有关系了。如何才能得解脱？要修禅定和智慧。

在生命的过程之中，通常我们的努力与付出，相对于所得到的利益或是想达到的目的，不一定是平衡的、相等的，此外，还可能会碰到意外的灾难与损失。所以，在我们这一生中，经常会遇到不合理、不公平的情形，但这是没办法的事。可是一般人只会吵架、生气、埋怨，指责老天爷不公平，这都是因为没有想到，也不相信有过去世和未来世，才会有这种心理的不平衡出现。如果我们相信有过去世、未来世，那么现在的不公平、不合理，就都是公平、合理的了。因此，心也就能平安，而不会不平衡。

有时候，两个人在同样的环境里工作，你付出的比他还多，但是你得到的却很少，这是什么原因？除了因果之外，其中还包含着因缘的关系，也就是说，他的运气比你好。为什么？可能别人看他比较顺眼，或是他有比较好的机会，也能够掌握机会；而你却不会掌握机会，让机会在你的面前错过，未能好好抓住，甚至根本不知道那是机会。不管是发财也好、升官也好，甚至是爱情也好，都会有这样的状况发生。

我到美国之前，在我的生命过程之中。无论遇到什么人、碰到什么事，大多是不好的，好的机会、好的事情总轮不到我，就连有信众要供养每一位法师的时候，我都会刚好不在场。我常常遇到这种事，真是一个最没有运气的人！可是我知道，这是因为我的福报不够，是因果因缘的关系，所以我心平气和。一直到了美国之后，我才渐渐地运气转好。

修禅定、智慧得解脱

禅修的方法，首先是放松身心，之后身心才能统一，这时你的心理负担和身体负担就会消失，叫作"无事一身轻"，非常快乐。也就是从身安、心安，直到身心统一，你才会知道所谓"身心的安定"是什么滋味。

进一步是我们的身心和我们所处的自然环境、社会环境统一，不是对立的，而是一体的、整体的。如果有了这种经验，你会发现自己绝对是平安的，因为这个世界根本和你是一致的，任何一样东西都是你自己，没有对立、没有矛盾、没有冲突，非常地和谐；然后是"虚空粉碎、大地落尘"，时空消失了、大地也消失了，也就是整个宇宙、时空全部不见了，但自己还是活得好好的。

我曾经在以色列为一个禅修团体演讲，禅修团体的负责人是位女士。有一次，她准备一顿非常丰富的晚餐招待我和我的弟子。而她一边准备的时候，一边就在禅修。做完晚餐以后，她告诉我，其实她没有做任何事。她清清楚楚地知道晚餐做完了，而且做得非常好看、非常好吃，但是却根本不知道是自己在做。这真是奇妙！事实上，只要你修行的话，是可以做得到的。

真正的平安，是由于心安。心安有不同的层次，最基本的是身心放松所感到的心安；深一层是观念上的平安，当你的心真正不会起波动，无论是遇到任何大风大浪、强烈的刺激与诱惑，或者是非常恐怖的事情在你面前发生，你都不会受到影响，这个时候，你才是做到"八风吹不动"，也就是真正的平安。这是要有工夫、要学习的。

2003 年 12 月 20 日，讲于加拿大温哥华加拿大广场

正视现实，怀抱信心

现在的台湾社会，普遍有种不安定感，这种不安定感是由每一个人所形成的。所谓平安，有心理的平安、生活的平安和生命的平安。如果心不安，很容易就会被环境牵动，一旦环境里产生变动，或因他人的一句话、一个动作，甚至是媒体上的一个讯息，自己的心马上就跟着起伏。起初是心不安，接着影响生活不安，最后连生命也不安稳了。而这些不安，一样一样重叠起来，有点像漩涡一样，会一个带着一个、一个牵动一个，道致结果愈来愈严重，愈来愈麻烦。

正视现实，即能克服不安

虽然心不安常常是受环境影响，但有的时候是自己疑神疑鬼，胡思乱想，结果愈想愈可怕，愈想愈糟糕！严重者会造成忧郁症，甚至自己自杀或者携子自杀，这些都是因为心理不安而影响了生活与生命的不安定感。

要如何安心？就是要正视现实，这就像是一个人在夜里赶路，一路上没有灯，黑漆漆的，愈走愈害怕。怕什么呢？怕黑夜里有鬼，怕黑夜之中突然跑出什么野兽攻击。但如果是打了灯，或者几个人结队一起走，就不会觉得不安了。

当自己觉得不安的时候，要反问自己："不安是为了什么？"比方说夜里有人在你背后吹了一口气，你感到害怕，开始胡思乱想，而你往后一看没有人，就更加疑神疑鬼了。在这种情况下，其实可以找别人来看一看，是不是真有什么看不见的东西？也可能什么都没有，只是自己的心理作用。遇到任何不安的状况，如果能够面对它、正视它，问题往往也就消失了。

怀抱信心，人生就有转机

除了正视问题，也要对未来怀抱信心。我有一个信众，原来是个建筑师，有一阵子经商失败，资金被套牢，全家顿时陷入绝境。但是孩子还是要上学，日子还是得过下去，怎么办呢？他搬离原来的住处，改租一间几平米大的房子，全家人挤在一起，一天只吃一把面。他们还是撑过来了，现在全家人过得很好。

这就是说，当你心理上觉得已经走到绝境、无路可走，不敢往前走，也不想往前走，这种心态非常危险，会把自己的未来和整个家庭带入绝境。如果说心态调整一下，相信天无绝人之路，相信今天能过，明天也一定能过，相信今天只吃一把面，明天应该也可以找到一把面吃！！永远对未来怀抱信心与希望，这样的时候，人生就会跟着改变。

心平气和处理事

有的人经常在抱怨，抱怨这样、抱怨那样，对这个人不满意、对那个人批评，好像什么事都不顺心、不满意，为什么呢？因为自己没有安全感，没有安全感的原因，可能是曾经被某一个人或在某些状况下受到伤害，从此缺少安全感。其实抱怨、批评，或者反击，往往只会造成自己更大的伤害，使得生活环境更加混乱，这样对事情没有帮助，也不能解决问题。

该怎么办呢？要练习心平气和地处理事，试着去理解事情发生的可能原因。比方说有人对我不友善，一定是有原因的，也许真是我给他的打击，也可能是其他原因所致。而如果是我带给他麻烦，那我要向他道歉，是我对不起他；如果不是因为我，而是另有其他因素使他烦恼，那我更不需要反击他、埋怨他，反而要看看还可以怎样地帮助他，如果是这样子，我们的心经常是安稳的，生活是安定的，人生也一定是平安的。

看见希望，拥抱幸福

我在这里提出几个安心的方法。

心不受外境影响

实际上，不安是心理的一种感觉，是我们的心受到外在环境影响，觉得没有安全感、没有安定感，所以浮动不安。但是反过来，如果我们的心是安定的，内心有安全感，则外在环境再怎么变动，我们的生活还是可以不受影响。

就像是外面下大雨了，明明知道心急没有用，我们可以做的是因应处理。比如房子会漏水，就要想办法把漏水的地方补起来；虽然下雨天湿淋淋的，还是要想办法出门办点事，想办法种出作物来，想办法还能够有一些娱乐。

虽然下雨天不是好天，但是只要心安，我们的生活就可以不受影响，而过得很快乐、很幸福，这即是"心安就有平安"。

用"心五四"来成长自己

我们在十年前（1999 年）推出一项"心五四运动"，内容是"四安、四它、四要、四感、四福"，这些观念到现在还是普遍地被运用，其中用得最多的是"四它"——"面对它、接受它、处理它、放下它"。

人生有不如意的事是正常的，遇到问题的时候，要面对问题，接受问题，想办法处理问题，而处理以后就要放下；如果处理以后，问题还是无法解决，也还是要试着放下。用"四它"的观念，可以帮助我们有智慧地处理事情。

此外，被广泛运用的还有"四要"——"需要的不多，想要的太多；能要该要的才要，不能要不该要的绝对不要。"实际上，我们真正需要的东西是不多的。人基本的需要是吃饱、穿暖，有个地方遮风避雨，这就够了。尤其在不景气的时候，如果大家能把欲望降低一点，而把希望放大、放远一些，就能够知足快乐。

用"心六伦"来保障平安

另外，我们在前几年更陆续推动"心六伦"和"关怀生命——防治自杀"运动，其实"心五四"、"心六伦"和"关怀生命"运动都是相关联的，同样源自"心灵环保"，目的是为了护心、安心。

"心六伦"是家庭伦理、校园伦理、生活伦理、自然伦理、职场伦理和族群伦理，乃是一种新思想、新社会运动。过去传统的"五伦"，已经不太能适应现代社会的需要，因此我们推出"心六伦"来充实"五伦"。

"心六伦"的核心价值，是尽责尽分、奉献利他；这是放诸世间皆准的价值，不会只局限华人社会使用，而是我们奉献给全世界人类一种新的全球伦理运动。

永远抱持信心与希望

我们对自己要有信心，对未来要有希望，若能如此，就算是物质条件减缩、外在环境不安定，我们的心都还是踏实的。心踏实，就有平安。平安是可以相互影响的，我们自己平安，也把自己对未来的希望和做法告诉别人，那么心里的踏实感会更坚定。

有一位企业总裁自杀了，他的自杀让我很震惊，也很遗憾。事实上，他在自杀前曾经来看过我，说他活得很辛苦。我劝他要把心照顾好，将心安定下来，事情一样一样地处理。但是，很可惜我没能帮上忙，没有让他把观念转过来。其实只要调整一下观念，认知逆境、顺境都是过程，一时间无法处理的事，不代表永远不能处理，只要再等待机会，随时就可能会有转机。

人最重要的是生存，只要遗留有一口呼吸，就有无限的希望。事实上，没有必要自杀。自杀多半是因为恐惧、害怕，对未来没有希望、没有安全感所致。

我自己也是从艰困的环境中走过来的，我小时候家里穷，曾经穷到连一口饭也没得吃，于是我吃树皮、树叶，还是一样走过来了。我想，现代社会大概不至于有人生活窘迫到没有饭吃吧！

我希望大家都能够记住这句话："心安就有平安。"外在环境的改变是正常的，人生遇到挫折也是正常的，当我们面对挫折、面对困境，不必往最坏的地方想，而要朝最好的方向看。

　　大雨天，你说雨总是会停的；大风天，你说风总是会转向的；天黑了，你说明天依然是会天亮的，这就是心中有希望，有希望就有平安，也就有未来。